KB204017

멜란히톤과 그의 **시대**

멜란히톤과 그의 시대

Philipp Melanchthon
und seine Zeit

마르틴 융 지음 _ 이미선 옮김 _ 박준철 감수

홍성사

"우리는 또 하나님의 아드님께 부탁하고자 합니다,
그분이 우리를 더 먼 곳으로 인도해 주시기를."

차례

"멜란히톤? 그게 뭐죠?"

"멜란히톤? 그게 뭐죠?" 멜란히톤의 고향인 브레텐 시에서 행인들을 붙잡고 물어보았다. 대답은 놀라웠다. 배우? 노벨상 수상자? 황제? 교황? 아니면 화학 결합식? 혹시 원자핵 구성 요소? 행인들의 상상력은 끝이 없었다. 멜란히톤이 신학자이자 종교개혁가라고 답하는 사람도 있었다. 그러나 그들도 그 정도까지만 알고 있었다.

멜란히톤은 제대로 평가받지 못했다. 브레텐 출신의 이 사람은 루터와 함께 손꼽히는 종교개혁가였다. 종교개혁은 루터가 촉발했지만 멜란히톤이 그 꼴을 갖췄다. 멜란히톤이 없었다면 우리가 아는 개신교는 없었을 것이다.

멜란히톤을 자세히 연구할 또 다른 이유가 있다. 그는 16세기 문헌이 언급하는 빈도로 보자면 상위권에 속한다. 그의 삶은 생애별로 자료가 있다. 저작물은 거의 다 남아 있고, 포괄적으로 서술된 전기도 있다. 또 그가 썼던 수많은 편지도 보존되었기에 그의 내면도 부분적으로 공개되어 있다. 이렇게 보자면 멜란히톤은 루터보다 많은 문서를 남겼다. 따라서 신앙과 인격의 발전 과정을 연구해 볼 만한 대상이다.

멜란히톤은 교육 제도에 큰 영향을 끼쳐 1590년대에 '독일의 스승'이라는 명예로운 칭호를 받았다. 지금은 유럽의 스승이라 불려 마땅하다. 최근 연구에 따르면 멜란히톤은 독일뿐만 아니라 유럽 곳곳에 영향을 끼쳤고, 각 나라의 교회사와 교육사에 깊이 관여했다고 밝혀졌기 때문이다. 그 영향력은 아이슬란드와 덴마크, 노르웨이, 스웨덴, 영국, 프랑스, 이탈리아, 스페인, 헝가리, 트란실바니아, 보헤미아, 포메라니아, 폴란드까지 미쳤다. 멜란히톤은 자기 집 식탁에서 한때 11개 언어가 오갔다며 자랑스럽게 말하기도 했다.

그는 뛰어난 종교개혁가였고 종파 간 화해를 도모한 화해주의자였으며 교회 통합주의자였다. 그렇기에 21세기에도 그는 흥미로운 인물이다. 그는 이미 16세기에 미래 교회를 구현하지 않았던가? 1997년, 가톨릭 신학자이자 멜란히톤 상 수상자인 지그프리트 비덴호퍼는 이렇게 말했다. 멜란히톤이야말로 '가장 현대적인' 종교개혁자, 종교개혁 시대의 가장 위대한 교회 통합주의자라고.

아버지의 이른 죽음

필리프 멜란히톤Philipp Melanchthon은 1497년 2월 16일 독일의 소도시 브레텐에서 태어났다. 오늘날의 바덴 지역으로, 당시에는 팔츠 지역에 속한 국경 도시였다. 1497년은 아직 중세였다. 중세는 약 500년에서 1,500년까지, 천 년 정도의 시기를 말한다. 멜란히톤이 태어난 이후 앞으로 대변혁이 일어날 것은 아무도 예측하지 못했다. 개혁을 요구하는 목소리가 높았지만 아직 세상이 변할 조짐은 보이지 않았다.

당시 독일은 신성로마제국[1]이라 불렸다. 지배자는 합스부르크 가문의 막시밀리안 1세[2]였다. 그는 최선을 다해 다스렸지만 성과는 보잘것없었다. 제국에 새로운 질서를 부여하려 했으나 헛수고였다. 로마에서는 교황 알렉산더 6세[3]가 교회를 좌지우지했다. 그는 그리 훌륭한 인물이 아니었다. 여러 여성에게서 일곱 명이 넘는 아이를 낳았다. 영리하고 세련되며 사업 수완이 있던 이 남자는 자신의 능력을 정치권력에 집중했으며, 자녀들을 제후로 만들었지만 교회를 위해 힘을 쓰지는 않았다.

민중의 삶은 열악했다. 그리스 로마 시대가 끝나고 천여 년이 지났으나, 그리스인이나 로마인이 누렸던 생활수준에 못 미쳤

다. 브레텐 등 여러 도시에는 아직 포장도로나 제대로 된 상하수
도 시설이 없었다. 사람들은 비좁은 집에서 살았고, 당연히 바닥
난방은 되지 않았으며 욕실도 없었다. 냄비에 구운 납작한 빵 그
리고 야채, 콩, 곡물로 만든 죽으로 끼니를 때우던 때였다. 더 이
상 알을 낳지 못하는 닭을 잡아먹기도 했지만.

그러나 상업과 수공업으로 도시는 어느 정도 풍요를 누리
고 있었다. 중세 후기 시민이 살던 집이나 고딕식 성당 건축물을
보면 알 수 있다. 브레텐 시 성당에도 1420년경 고딕식 본당이
섰다. 브레텐의 주민은 약 2천 명이었다. 독일에서는 큰 도시였
다. 대도시였던 쾰른의 인구가 약 2만 명이던 시절이었으니까. 물
론 수십만 명이 살던 고대 도시에 비하면 별것 아니다.

현실과 유리된 신학은 중세 말에 오자 말도 안 되는 것까지
미주알고주알 따지는 지경까지 이르렀다. 예를 들면 성체성사 도
중에, 또는 성체성사가 끝난 뒤 실수로 빵을 떨어뜨렸을 경우 이
빵을 먹은 쥐에게 어떤 일이 일어나는가 논쟁이 있었다. 반드시
어떤 일이 일어나야 했다. 왜냐하면 빵은 실체변화Transubstantia-
tion[4] 후에는 예수의 몸이 되기 때문이다. 쥐가 그리스도의 몸 일
부를 먹었으니 무슨 일이 벌어질까?

예수의 포피도 마찬가지였다. 성경에 따르면 예수는 당시 유
대 소년처럼 출생 며칠 뒤에 할례를 받았다. 중세의 스콜라 신학
자들은 이렇게 질문했다. 부활 후 예수의 포피는 어떻게 되었을
까? 다시 원래의 자리에 붙었을까 아니면 그리스도의 성유물로

이 세상에 남아 있을까? '성스러운 포피'를 모시고 있다는 성당과 수도원이 많았다.

일반 개념을 두고 다툰 사건도 오늘날 볼 때는 궤변이었다. 철학적 문제, 즉 일반 개념이 현실을 모방하는가 그렇지 않은가가 중요한 문제였다. 책상은 항상 구체적으로만 존재하는가, 보다 높은 현실의 형태 안에서 추상으로도 존재하는가? 일부 철학자는 책상 자체는 단순한 명명, 단순한 이름이며, 고유한 실재성은 없는 순수한 개념이라고 했다. 이들은 유명론자Nominalist라 불렸다. 이와 맞서는 사람들은 추상적인 책상, 그러한 현실로서의 책상에 실재성Realität을 부여하려 했고 이들은 실재론자Realist라 불렸다. 이 다툼과 결과는 세대를 거쳐 이어졌고, 학생 및 교수 모두를 포괄하는 학내 구성원, 대학, 기숙사까지 분열시켰다.

신앙이 사람들을 고무시켰다. 수도사를 본받으려는 사람이 많았다. 기도서가 출간되었고, 책을 좋아하는 사람들은 기도서로 마음을 고양시켰다. 멜란히톤의 부친이 자다가도 일어나 수도사처럼 무릎을 꿇고 기도했다는 일화는 유명하다.

수도사는 한편으로 비판받기도 했는데 성스러운 척할 뿐 규율에 어긋난 생활을 종종 보였기 때문이다. 특히 새롭게 일어난 인문주의 운동을 지지하는 지식인이 수도원 제도나 중세 후기 신학을 비판하곤 했다.

국경 지역은 자주 전쟁에 휩쓸렸다. 1504년, 멜란히톤이 일곱 살이었을 때 그의 고향은 2주간 울리히 폰 뷔르템베르크 공작의 군에 포위당했다. 이 사건은 멜란히톤의 뇌리에 박혀 있었다. 전쟁 공포는 평생 그를 따라다녔고, 교회 문제를 다루는 태도에 강한 영향을 끼쳤다. 멜란히톤은 포위 사건 외에도 아버지를 통해 전쟁과 그 끔찍한 결과를 맛보았다.

멜란히톤의 아버지는 하이델베르크 출신으로 영주의 병기 관리자였다. 갑옷을 만들고 대포를 주조했다. 브레텐 출신의 아내를 맞이했기에 가족은 브레텐에 살았으나, 아버지는 주로 하이델베르크에 거주했다. 멜란히톤은 할아버지 손에서 컸지만 아버지의 추억을 늘 간직하고 있었다. 아버지의 이른 죽음은 잊을 수 없는 경험이었다. 아버지는 오랫동안 투병하다 1508년 사망했다. 가족들의 추측대로, 뷔르템베르크와 전쟁 중에 오염된 물을 마셨기 때문이다. 49세에 죽음을 맞이했으니 독성 물질을 다루면서 서서히 중독된 결과였을지도 모른다. 어쨌든 아버지가 전쟁의 희생자였음은 분명했다.

아버지가 어떻게 죽음을 준비했는지 멜란히톤이 1554년에 쓴 편지를 보면 알 수 있다. 사망하기 이틀 전 아버지는 아들을 불렀고, "하나님께 너를 맡긴다"며 하나님을 경외하고 도덕적인 삶을 살라 일렀다. 아버지는 정치적 변혁이 다가오는 것을 보았다. 때문에 하나님께서 아들을 인도해 주시기를 빈 것이다. 멜란히톤은 훗날 종교개혁 시기에 신학적·정치적 논쟁을 벌이며 맞서야 했을 때 그 일을 떠올리곤 했다. 부친과 작별 인사를 나눈 후 멜란히톤은 슈파이어로 가야 했고, 아버지의 임종을 지킬 수 없었다. 멜란히톤은 울면서 고향을 떠났다고 한다. 그때 그는 열한 살이었다.

유년 시절의 경험이 멜란히톤을 화해주의자로 만들었다. 인문주의와의 만남 역시 큰 영향을 주었음은 물론이다.

인문주의자들을 사사하다

인문주의는 르네상스 시대 지식인 운동이다. 르네상스는 14세기 이탈리아에서 발흥했고, 문화 전반에 걸친 새로운 경향으로서 고대 그리스 로마 시대를 모범으로 삼았다. 이 운동은 프랑스에 살던 14세기 이탈리아인, 가끔 최초의 근대인이라 불리는 사람이 시작했다. 그의 이름은 프란체스코 페트라르카[1]로, 그는 신라틴어 시로 유명했고 산악인으로도 잘 알려져 있다. 1355년에 방투 산[2]에 오른 그는 이 경험을 편지에 써 보냈다. 르네상스는 자연 및 역사의 발견과 결부된 시대다. 르네상스를 기반으로 지식인 운동이 점차 발전했는데, 이 운동은 200년 전부터 인문주의라 불렸다. 인간적인 것을 장려한다는 르네상스의 목적 때문이다.

멜란히톤은 어릴 때부터, 부모를 통해 이 운동의 영향을 받았다. 요하네스 웅어[3]가 가정교사로 있었기 때문이다. 그는 멜란히톤에게 라틴어 읽기와 쓰기, 그 원리를 가르쳤다. 중세에는 학교가 별로 없었기에 가정교사를 두는 것이 일상이었다. 종교개혁은 교육제도까지 주관했는데, 훗날 멜란히톤이 여기에 지대한 공헌을 하게 된다. 16세기 초에 좋은 학교에 다니려면 부모를 떠나야만 했다. 그러나 부모는 어린 멜란히톤을 아직은 떠나보내고 싶지 않았다.

1508년, 열한 살이 되어서야 멜란히톤은 20킬로미터 떨어진 포르츠하임으로 교육을 받으러 갔다. 유명한 라틴어 학교가 그곳에 있었다. 부모의 뜻에 따라 그는 그곳에서 교육을 받아야 했다. 고향에서 멀리 떨어졌지만 여전히 안전한 곳이었다. 요하네스 로이힐린[4]의 누이인 외할머니 엘리자베트 로이힐린[5]의 집에서 살았기 때문이다.

요하네스 로이힐린은 저명한 인문주의 학자로서 고향은 포르츠하임이었다. 법학자이자 히브리학자요, 시인이었던 그는 1506년 독일 최초로 히브리어 교과서를 출판했다. 포르츠하임에서 이 학자는 조카의 아들과 만나게 되었다.

멜란히톤은 로이힐린에게 감사할 일이 많았다. 특히 그의 이름은 로이힐린이 지어 준 것이다. 멜란히톤의 본명은 필리프 슈바르체르트Philipp Schwartzerdt였다. 인문주의자들은 독일식 이름을 좋아하지 않아서 그리스어나 라틴어로 된 학자 이름을 짓곤 했다. 로이힐린은 슈바르체르트[6]를 그리스어로 옮겨 새로운 성을 지어 주었다. 1509년 3월의 일이다. 훗날 멜란히톤은 발음하기 쉽도록 멜란톤Melanthon으로 축약했다.

1509년 10월, 멜란히톤은 대학 진학을 위해 포르츠하임을 떠나 하이델베르크로 갔다. 여기서도 그는 인문주의의 영향을 받았고, 신학교수 팔라스 슈팡엘[7]의 집에 묵으면서 저명한 교육학자 야코프 빔펠링을 만났다. 빔펠링은 교육제도 개혁을 통해 인간의 상황을 개선시키고자 했고 최초로 독일 민족사를 저술한 인물이다.

1512년 9월, 멜란히톤은 튀빙겐 대학으로 갔다. 전기 작가들은 당시 멜란히톤의 나이가 어려서 하이델베르크에서는 석사 학위 시험에 응시할 수 없었기 때문이라고 한다. 그러나 그것은 가설에 지나지 않는다. 1512년 7월, 슈팡엘의 사망이 이유일 가능성이 크다. 1514년 초, 멜란히톤은 튀빙겐에서 석사시험에 응시했다. 아직 17세도 안 됐지만 수석 합격primus omnium이었다. 교양과정을 끝낸 멜란히톤은 신학부에 등록했지만, 원래 관심사는 고대 문학이었고 특히 헤시오도스에 몰두했다. 돈이 필요했던 멜란히톤은 저명한 인문주의자 토마스 안스헬름[8]의 인쇄소에서 일하며 학업을 이어 갔다. 나우클레루스라고 불리는 인문주의자 요하네스 페어겐한스의 세계사 교정 작업도 하면서 세계사에 대한 관심도 커졌다.

1516년, 멜란히톤의 첫 책이 출판되었다. 로마 작가 테렌티우스[9]의 희극 비평서였다. 멜란히톤은 플루타르코스에도 심취했고 아리스토텔레스 저술의 그리스어판을 내려고도 했으나 끝내 출판되지는 못했다. 그러나 그리스어 교과서는 완성했고, 이 교과서는 1518년에 출간되어 100여 년간 사용되었으며 40쇄나 중쇄되었다. 성공의 비결은 세련된 구성이었다. 언어 습득에만 치중하지 않고 고전 문학에 관심을 갖도록 구성했으며, 고전 문학의 도덕적 의미를 깨닫게 하여 전인격 형성에 초점을 맞춘 책이었다.

　1516년, 멜란히톤은 당대 최고의 인문주의자 에라스무스와 친분을 맺었다. 에라스무스는 고향이 로테르담이어서 에라스무스 폰 로테르담, 즉 로테르담의 에라스무스라 불렸다. 사제의 사생아로 태어난 그는 영국에 오랫동안 머무르다가 후에는 이탈리아로도 갔다. 바젤에서 한동안 살던 그는 생애 후반기에 브라이스가우에 있는 프라이부르크[10]에 체류했다. 교수가 된 적은 없지만 그는 당대 손꼽히는 지성이었으며 많은 개혁을 통해 학문을 발전시켰다. 그의 그리스어-라틴어 신약성경은 획기적인 작업으로, 당시 교회가 사용하던 이른바 불가타[11] 성경에 이의를 제기했다. 루터의 업적은 상당 부분 에라스무스의 작업을 수용하고 보급시키고 관철시킨 것이다. 사람들은 꼬집어 말했다. "에라스무스가 알을 낳았고, 루터가 부화시켰다." 멜란히톤도 에라스무스에게서 종교개혁 개척자의 면모를 보았다. 그래서 1546년 루터 사망 직후, 그리고 1556년 에라스무스 사망 20주년 때 대학 연설을 하며 이런 사실을 언급했다. 그러나 에라스무스는 구교를 신봉했고, 개혁은 원하지 않았다. 대부분의 인문주의자들처럼 조화, 타협, 평화를 추구한 사람이었다. 화해주의자라는 점에서 멜란히톤은 에라스무스와 다름이 없었다. 그러나 루터는 그들이 서로 다른 길을 갔다고 평가했다.

　멜란히톤은 '인문주의자의 교황Papst der Humanisten', 즉 에라스무스를 만난 적은 없으나, 1536년 에라스무스가 사망할 때까지 서신을 교환했다. 두 학자의 관계가 소원해진 원인은 루터였다. 루터는 1524년, 1525년 에라스무스와 격렬한 공개 논쟁을 벌였다.

에라스무스의 초상화

'인문주의자의 교황'으로 불렸던 그는 루터의 종교개혁에 큰 영향을 주었다. "에라스무스가 알을 낳았고, 루터가 부화시켰다"는 이를 단적으로 표현한 말이다. 그림은 독일 르네상스 시기 최고의 초상화가로 불리는 한스 홀바인(1497-1543)의 작품.

'나는 그에게서 복음을 배웠다'

1517년, 멜란히톤이 튀빙겐에서 그리스어 교과서를 쓰고 있을 때, 비텐베르크의 아우구스티누스 교단 수도사이자 신학 교수 였던 마르틴 루터는 면벌부와 회개에 관련된 95개 논제를 들고 대중 앞에 모습을 드러냈다. 마인츠의 대주교이자 마그데부르크 와 할버슈타트의 주교구를 다스리는 알브레히트 폰 브란덴부르 크[1]의 면벌부 선전 활동 때문이었다. 면벌부란 면제 또는 사면 을 뜻한다. 사면을 받으려면 처벌을 받아야 한다. 즉 인간에게 하늘이 열리기 전, 자신이 저지른 죄악의 대가로 저승, 연옥에 서 벌을 받는 것이다. 사적인 빚도 갚고, 로마 베드로 성당 신축 에 들어갈 자금도 조달할 목적으로 선전한 알브레히트의 면벌 부 때문에 루터의 걱정은 커져 갔다. 루터는 이러한 사업의 신학 적 토대가 옳은지 의심을 품었으며, 종교 자산을 밑천으로 사업 이 거침없이 성장한다며 비판했다. 루터는 1517년 10월 31일, 대 학 내 게시판으로 사용되던 비텐베르크 성城 교회 문에 95개 논 제를 붙였다고 한다. 루터가 사망한 후 1546년, 멜란히톤은 루 터 저술집 서문에 이렇게 썼다. 루터가 문에 직접 붙였든 붙이지 않았든, 루터가 편지로 논제들을 널리 알렸다는 것은 분명한 사실이라고.

비텐베르크 논제들은 루터도 모르게 독일 곳곳에서 인쇄되었고, 인문주의자들 사이에 큰 반향을 일으켰다. 튀빙겐에 있던 멜란히톤도 그 논제들을 접했는지 알려진 바는 없다. 그러나 1517-1518년에 루터의 글은 이미 튀빙겐에도 퍼졌고, 아직 잘 알려지지 않은 사람—루터는 자신을 이렇게 여겼다—은 바울을 강의하고 있었다. 멜란히톤은 채 1년도 지나지 않아 비텐베르크에서 루터 편에 섰다. 이것은 루터가 제시한 논제가 아니라 비텐베르크 대학 혁신에 그 까닭이 있었다.

비텐베르크 대학은 1502년 설립되었다. 1485년에 작센이 선제후령을 지배하는 에른스트 파와 공작령을 지배하는 알브레히트 파로 완전히 분리되어 에른스트 파도 대학을 소유하려 했기 때문이다.[2] 오랜 전통을 가진 라이프치히 대학은 알브레히트 파 지역에 있었다. 대학을 세울 도시로 보잘것없는 소도시였던 비텐베르크가 선정되었다. 개혁 대학으로 그 초안이 잡혔고, 에른스트 파 지역의 군주이자 작센 선제후인 현자 프리드리히[3]는 이 대학에 인문주의자들이 의도하는 교육을 실현하고자 했다. 학생들은 전통적으로 배워 온 라틴어뿐 아니라 그리스어와 히브리어도 배워야 했다. 인문주의 교육 방침이었다. 게다가 고대 그리스어 성서와 라틴어 성서를 읽고, 그 기반 위에서 해석까지 해내야 했으니 비텐베르크에 그리스어 선생이 필요해진 것이다. 선제후는 로이힐린에게 손을 내밀었으나, 그는 요청을 거절하고 조카의 아들이자 제자인 멜란히톤을 추천했다. 루터는 다른 사람을 염두에 두고 있었으나 선제후의 고집대로 멜란히톤이 임용되었다. 당시 20세였던 멜란히톤은 혁신의 선봉에 설 인문주의적 개혁 대학의 교수가 된 것이다.

1518년 8월, 멜란히톤은 튀빙겐을 떠나 브레텐과 라이프치히를 거쳐 8월 25일 엘베 강가의 도시 비텐베르크에 발을 들여놓았다. 사람들은 부임한 교수가 뭔가 이상하다고 생각했고, 신뢰를 보내지 않았다. 150센티미터의 키에, 허약해 보였으며, 목소리는 가늘고 약간의 언어장애까지 있었기 때문이다. 그가 거리를 걸어가면 아이들이 뒤통수에 대고 조롱하는 노래를 부르기도 했다. 하지만 사흘 만에 조롱은 자취를 감추었다. 이 그리스어 교수는 '청소년 학문 장려'를 주제로 취임 강연을 선보였고 강의는 당연히 라틴어로 진행되었다. 그가 펼치는 인문주의 교육 계획에 모든 사람, 심지어 루터까지 열광적으로 환호했다. 멜란히톤은 고전어뿐 아니라 역사, 수학 수업도 도입할 계획이었다. 중세의 학문적 노력에 그는 비판적이었다. 이제 막 입문한 신학생들에게는 이 학문이야말로 최고의 사고력과 집중력, 신중함을 요구한다고 강조했다. 견고한 기초 훈련이 되면 성령의 인도를 받아 '성자에게 가는 입구'를 찾을 수 있으리라는 것이다.

멜란히톤은 고대 그리스어와 그리스 문화를 연구하는 탁월한 학자였다. 그러나 신학은 그도 시작 단계였다. 루터는 멜란히톤의 그리스어 수업에 참석했고, 멜란히톤은 루터에게서 신학을 배웠다. '나는 그에게서 복음을 배웠다'며 멜란히톤은 훗날 (1539년) 고백했다. 루터 사상의 핵심은 하나님은 도덕이나 종교적 행위가 아니라 오직 믿음만 보시고 인간을 기뻐하시며, 성서의 표현에 따르면 인간을 의롭게 한다는 것이다. 새로운 칭의론은 개신교의 근본 신념이었다.

그런데 두 남자가 늘 편한 관계는 아니었다. 많은 문제가 있었고, 신학적 질문에서 훗날 분쟁이 있었다. 루터는 위인이 그렇듯 평범한 인물이 아니었다. 오직 자신의 의견만 옳다며 굽히지 않는 인물이었다. 멜란히톤은 장기간 이러한 영향을 받을 수밖에 없었다. 루터가 사망한 후 멜란히톤은 이렇게 말했다. 자신은 '모욕을 당한 거의 노예 신분'이었다고. 그러나 멜란히톤은 끝까지 버텼다. 그 이유는 종교개혁이었다. 멜란히톤은 1518년부터 적극적으로 가담했는데 열세 살 연상인 루터의 편에 서서 종교개혁의 지도적 인물이 되었고, 특히 루터가 사망한 후 14년을 더 살면서 개신교에 큰 영향을 끼쳤다. 멜란히톤은 1560년에 사망했다. 그는 루터, 츠빙글리, 칼뱅과 달리 동시대인으로서 종교개혁의 모든 역사를 몸소 만들어 나갈 수 있었다.

새것이 아니라 처음 것

이미 1519년, 즉 6월과 7월에 있었던 라이프치히 논쟁[1]에서 멜란히톤은 공개적으로 루터 편을 들었다. 잉골슈타트 출신으로 인문주의 교육을 받은 신학 교수 요하네스 에크[2]는 이 논쟁에서 구교의 입장을 변호했고, 루터가 급진적 주장을 펼치도록 유도했다. 그리하여 루터는 교황과 공의회가 틀릴 수도 있고 가끔 틀리기도 했다고 단언하기에 이른다. 적대자들이 루터를 이단으로 보는 것은 당연했다. 이미 100여 년 전인 1415년, 콘스탄츠 공의회의 판결로 화형을 당했던 프라하의 신학자 요하네스 후스[3]와 비슷한 주장을 했기 때문이다.

루터는 수행단을 대동하고 비텐베르크에서 라이프치히로 갔다. 멜란히톤도 루터의 수행원이었다. 멜란히톤은 적대자들의 눈에 띈 인물이었는데, 논쟁에 유리한 논거를 루터에게 귓속말로 알려 주곤 했기 때문이다. 신학 박사인 루터보다 멜란히톤이 역사에 더 박식했다. 아마도 교황권과 공의회 비판의 근거를 댈 수 있도록, 역사적 사실을 루터에게 알려 주었을 것이다.

라이프치히 논쟁이 끝난 후 멜란히톤은 종교개혁과 관련된 저술들을 출간했다. 첫 번째는 논쟁의 경과를 다룬 저술이었다.

당시 아우크스부르크에서 활동하고 있었고 훗날 바젤에서 종교개혁가가 된 튀빙겐 시절의 옛 친구 요하네스 외콜람파디우스[4]에게 보내는 편지 형식의 글이었고, 이 글에 대항하여 에크는 멜란히톤을 겨냥한 신랄한 팸플릿을 펴냈으며, 멜란히톤은 '요하네스 에크에 대항한 변론Verteidigung gegen Johannes Eck'이라는 글로 맞섰다. 이로써 멜란히톤은 루터를 에워싼 분쟁에 인쇄물을 가지고 뛰어들었고, '루터라너Lutheraner' 즉 루터교도가 되었다. 이미 이 시대에 사람들은 루터 추종자를 이렇게 경멸적으로 불렀고, '새로운 믿음'을 비방하기도 했다. 그러나 루터와 멜란히톤은 새로운 것을 만들려는 생각이 없었다. 그들은 기독교의 처음, 복음으로 돌아가고자 했을 뿐이었다. '종교개혁적reformatorisch'과 '복음주의적evangelisch'은 같은 뜻이다. 일반적으로 통용되던, 즉 보편적이라는 의미에서의 '가톨릭적katholisch'은 당시 구교와 신교 모두가 수용하고자 한 단어였다. 이 말은 19세기에 들어서야 비로소 종파를 나타내는 말로 확정되었다. 오늘날에는 16세기 가톨릭교도를 가리켜 '구교를 믿는다'라고 한다. 폄하하는 의미가 아니다. 이것은 당시 가톨릭교도들의 자기 인식에 적합한 표현이다.

1519년부터 멜란히톤은 루터의 추종자, 종교개혁 지지자로 알려지기 시작했다. 그해부터 그는 문장紋章이 새겨진 도장을 사용했는데 이는 종교개혁과 그의 삶이 하나임을 보여 주는 것이었다. 이 도장에는 레위기 21장[5]에 나오는 들어 올려진 뱀이 새겨졌다. 그것은 요한복음 3장 14절[6)]처럼 예수와 그의 십자가 죽음을 의미했다. 새 믿음의 특징은 예수 그리스도를 목표로 삼고, 십자가 죽음을 강조하는 것이었다. 이 믿음은 구원의 확신에 강한 의문을 던지는 동시에 확실한 답변을 준다.

사실 교회는 이미 1519년에 루터를 이단으로 선포할 수 있었다. 그러나 로마는 주저했다. 새 황제 선출을 앞둔 데다가 교황이 황제 선출에 개입하려 했기 때문이다. 따라서 힘 있는 군주의 신하인 신학 교수에게 조치를 취하는 것은 시기에 맞지 않았다. 교황이 볼 때 루터의 군주인 현자 프리드리히도 황제 자리를 노리는 잠재적 후보자였다. 루터에 대한 재판은 지연되었고, 이로써 종교개혁은 시간을 벌었다.

1520년 초, 스페인 왕 카를 5세[7)]가 막시밀리안 1세의 후계자로 황제에 등극하자 그제야 재판이 속개되었다. 1520년 6월 15일, '교회로부터의 파문[Bann]'으로 판결이 났고, 교황의 공개적 문서를 칭하는 '칙서'에 'Exsurge Domine[(일어나소서, 주여)]'[8)]라는 일반적이지 않은 라틴어로 기록되었다. '어리석은 인간'이라 불리며 여우, 멧돼지, 하나님의 포도밭을 망치는 들짐승으로 비유된 루터는 제명 즉 파문의 위협을 받았고, 60일 이내에 자신의 의견을 철회해야 했다. 칙서에 언급된 루터의 추종자들도 위협을 느꼈지만, 명단에 멜란히톤의 이름은 없었다.

9월 말 칙서가 공식적으로 고지되었고, 루터는 이 시기를 흘려보냈다. 1520년 11월 말, 그는 명백히 이단으로 선포되었다.

그러나 비텐베르크에서 루터는 자신의 신념에 확신을 가질 수 있었다. 1520년 12월 10일, 멜란히톤은 강사들 및 학생들과 엘스터 성문 앞에서 공개적으로 책을 태우려는 계획을 세웠다. 루터가 파문 칙서를 불속에 던져 넣었다.

중세의 법에 따르면 교황이 파문한 사람은 황제로부터 법의 보호를 박탈당하고, 따라서 세속 법정에 넘겨진다. 이것 역시 루터를 위협했다. 그러나 예상과 달리, 또다시 판결이 유예되었다. 법의 보호를 박탈하기 전에 루터의 말을 들어보자고 루터의 군주가 황제에게 주장했기 때문이다. 루터는 1521년 4월, 보름스 제국의회에 소환되었다.

각 지방과 도시의 대표자가 제국의회에 모였다. 황제와 함께 제국을 다스리는 모임이었다. 제국의회는 비정기적으로 장소를 바꾸어 가며 열렸다. 루터는 4월 2일 보름스로 떠났다. 4월 17일과 18일, 황제가 참석한 제국의회에서 황제의 대변인인 트리어의 교회법관이 루터를 심문했고, 루터는 주장을 철회하라는 요구를 받았다. 긴 의자에는 비텐베르크의 수도사 루터가 1517년부터 쓴 글들이 놓여 있었다. 정수리를 말끔히 밀고 수도사 복장을 한 루터는 만일 성경을 토대로 자신이 틀렸음을 증명한다면 의견을 철회하겠다고 했다. 그렇지 않은데도 의견을 철회하는 것은 자신의 양심을 속이는 것이라 했다. "하나님 저를 도우소서, 아멘Gott helf mir, Amen." 루터는 이 말로 그의 짧은 항변을 끝맺었다. "여기 저는 서 있습니다. 달리 어떻게 할 수가 없습니다

Hier stehe ich, ich kann nicht anders"9)라는 말은 훗날 전설이 되었다. 루터 반대자들은 "저놈을 불구덩이로!"라고 외쳤다. 그러나 루터는 무사히 보름스를 떠날 수 있었다. 보름스를 오가는 동안 신변 보호를 해주겠다는 약속을 비텐베르크를 출발하기 전에 받았기 때문이다. 카를 5세는 5월 26일이 되어서야 루터와 그의 추종자들을 파문한다고 공포했고, 루터가 법률의 보호 밖에 있으니 그를 잡아 처벌하라는 명령을 내렸다. 종교개혁 추종자들에게 루터는 영웅이 되었다. 그가 제국의회에 출두했었음을 알리는 팸플릿이 수없이 뿌려졌고, 글을 모르는 사람들을 위해 그림도 함께 실렸다. 수도사 루터가 성경을 들고 자신의 양심을 들이대며 홀로 교회와 제국의 권력자들을 향해 나아가는 모습이었다.

루터는 위험에 빠졌다. 루터가 황제 앞에 출두하기 전, 개인적으로 보름스에 와 있던 그의 군주는 루터를 구할 방법을 생각했고, 루터는 자신에게 닥칠 일을 꿈에도 모르고 있었다. 5월 4일, 보름스와 비텐베르크의 중간에 위치한 튀링거 발트10)에서 무장한 기사들에게 '습격당해' 성으로 끌려갔으니 몹시 놀랐을 것이다. 루터의 군주 현자 프리드리히가 아이제나흐 근처의 바르트부르크 성에 루터를 숨긴 것이다. 루터가 죽었다는 소문이 파다했지만 그는 '융커 외르크'11)라는 가명을 쓰면서 귀족처럼 머리와 수염을 기르고 바르트부르크 성의 한 방에서 지내고 있었다. 이 방은 지금도 보존되어 있다. 루터는 멜란히톤의 요구에 따라 막중한 과제에 들어갔다. 그리스어 신약성서를 독일어로 번역하는 작업이었다. 이미 독일어 성경이 여럿 있었지만, 에라스무스의 번역 이후 라틴어 성경을 근거로 한, 시대에 뒤떨어진 번역본이었다. 루터는 더 나은, 더 신뢰할 수 있는 번역을 원했다. 그는 독일 지역 사람이 최대한 이해할 수 있는 언어를 찾았다. 당시 독일은 표준어가 없었다. 이 번역 작업에 멜란히톤은 적극 참여했고 루터는 멜란히톤에게 조언을 구했다. 멜란히톤의 그리스어 실력이 루터를 능가했기 때문이다. 훗날 히브리어 구약성서를 루터가 독일어로 번역할 때도 멜란히톤이 참여했다. 히브리어 역시 멜란히톤이 더 능통했다. 잘 알려지지 않았고 또 별로 알고 싶어 하지도 않지만 사실 루터 성경은 루터-멜란히톤 성경이다.

루터가 멀리 튀링거 발트에 머물면서 절친한 사람들과만 드문드문 서신을 주고받는 동안, 비텐베르크의 종교개혁은 진전을 보이고 있었다. 루터의 동료들, 특히 고향 지명에 따라 카를슈타트라 불리는 안드레아스 보덴슈타인은 루터의 신학 지식에서 실질적 성과를 이끌어내려 했다. 예배 개혁, 교회 내 성상 제거, 교구 내 빈민 구제를 위한 새 규정 등이 그것이다. 멜란히톤 역시 개혁에 가담했다. 멜란히톤은 1521년 9월 29일, 소모임으로, 즉 몇몇 대학생과 함께 빵과 포도주로 성찬식을 치른 최초의 인물이었다. 성찬식이 공식적으로 빵과 포도주로 거행된 곳은 1521년 크리스마스의 비텐베르크였다. 1522년 1월, 시의회는 카를슈타트가 작성한 종교개혁적 교회 규정을 의결했다.

실제적 변화가 일어나자 주민들은 불안했다. 종교개혁가들의 길을 함께 가지 않으려는 사람들도 있었기 때문이다. 선제후도 새로운 규정에 반대하고 나섰다. 루터까지도 동료들이 만든 규정은 너무 앞서 갔다고 생각했다. 그래서 1522년 3월, 루터는 멜란히톤의 요청에 따라 바르트부르크를 떠나 비텐베르크로 서둘러 돌아가 일련의 설교를 했다. 이 설교는 1522년 3월 9일 사순절 주일에 시작되었기 때문에 사순절 설교로 불린다. 루터는 실질적 개혁을 너무 급하게 실행한다며 경고한 뒤 '약자'들, 즉 구교 추종자를 고려해 달라고 요청했다. 루터는 새로운 전통과 규율을 도입하기 전에, 우선 인간의 양심이 해방되어야 하며 내적 관점이 달라져야 한다고 생각했기 때문이다. 비텐베르크에서는 루터의 입장이 관철되었다. 루터의 항로에 동의할 수 없었던 카를슈타트는 루터와 결별했으나, 멜란히톤은 루터를 따랐다.

몇몇 분야에서 멜란히톤은 루터보다 앞섰다. 루터보다 먼저 교리문답서들을 만들었고, 개신교 격언집과 개신교 신학 교과서를 최초로 저술했다.

체계화의 대가

루터는 종교개혁에 동기를 부여했고, 신학적 토대를 구축했다. 그러나 종교개혁 내내 개신교 교리는 아무것도 제시하지 않았다. 저술을 통해 사건을 만들고, 논쟁을 일으키고, 나아가 설교와 성경 해석은 책으로 펴냈지만 개신교 교리론은 한 편도 쓰지 않았다. 1521년 멜란히톤이 처음으로 개신교 신학 교과서《신학총론Loci communes rerum theologicarum》[1]을 펴냈다. 루터는 이미 1519년에 멜란히톤의 신학적 재능을 인정하면서, 그의 왜소한 몸집과 본업을 빗대어 다음과 같이 말했다. "이 조그만 그리스인은 신학에서조차 나를 능가하고 있습니다." 루터는 멜란히톤의 책이 불멸하기를, 규범으로 명성을 얻기를 바라며 이 책을 성서 다음의 자리에 앉혔다.

멜란히톤의《신학 총론》은 내용뿐 아니라 방법론에서도 신학의 새 길을 열었다. 멜란히톤은 처음부터 끝까지 루터의 사상을 숙고하며 썼고, 그의 사상에 언어로 확고한 형식을 주고자 했다. 이 책은 종교개혁의 정신 위에서 인류학, 칭의론, 해석학, 성체론을 다루고 있다. 방법론에서 멜란히톤은 수사학을 중시하는 인문주의 사상을 받아들였다. 이미 이 책의 제목이 새로운 방법론을 말하고 있다. 'Loci'[2]는 중세에 즐겨 사용하던 'Sum-men'(총체)과 달리 완결되고 완벽한 체계를 제공하지 않고, 실질적 목표 아래서 주요 관점을 다루면서—에라스무스가 그의 설교론에서 말했듯—학생 스스로 자료를 모으도록 고무시키고자 한다. 멜란히톤은 현실적 주제, 실천에 꼭 필요한 주제를 언급했지만 신학 교과서가 통상 다루었던 신론, 그리스도론, 창조론, 종말론 등은 무시했다. 머리말에 위 내용이 함축적으로 표현되어 있다. "우리는 하나님의 비밀을 면밀히 연구할 것이 아니라 경배해야 한다."

이 표현을 보면 멜란히톤이 스콜라주의적 사변을 거부한 것 같다. 그러나 하나님의 비밀을 면밀히 연구하는 것 역시 멜란히톤에게 중요했다. 그는 연구 결과로 경배가 요구된다고 강조한 것이다. 멜란히톤은 열정적으로 기도하는 사람이었고, 또 열정적으로 기도를 가르쳤다. 동시대 사람들이 이해한 멜란히톤의 모습이 그러하다. 데사우 시에 가면 요하네스키르헤[3]에는 루카스 크라나흐 데어 윙게레[4]가 종교개혁가들을 예수의 제자로 묘사한 그림이 있는데, 멜란히톤만이 경건하게 손을 펼치고 기도 자세를 취하고 있다.

《신학총론》은 판을 거듭할수록 점점 경험과 밀착되면서 실천 중심으로 서술되었고, 경건이 강조되었다. 기도를 가르치기 위해 멜란히톤이 직접 기도문을 작성해 넣기도 했고, 고통을 견디는 문제도 다루었다. 겉으로 보기에, 즉 다루는 주제나 체계 면에서 《신학총론》은 앞서 언급한 '총체'에 가까워진다. 그러나 멜란히톤은 호기심에서나 하나님의 비밀을 규명하려는 목적으로 신학적 질문을 다루지 않는다. 시대 논쟁에 휘말리지 않았기 때문에 가능했던 일이다.

'오직 은혜로sola gratia' 죄인을 의롭다 한다는 새 의인 이해는 종교개혁 신학의 정수이며, 1521년에 저술한《신학총론》의 핵심이다. 행위가 아니라 '오직 믿음으로sola fide' 의롭다 하시는 하나님의 의를 루터가 발견했다. 루터에게는 실존적 위기 가운데 만난 구원이었다. 멜란히톤은 이 주제를 한 단계씩 면밀하게 생각한 뒤 그에 어울리는 표현을 찾았다. 멜란히톤은 체계화와 간명한 표현의 대가였다. '복음의 총체'라고 파악했던 종교개혁의 칭의론에 멜란히톤은 교리학적 형식을 부여했다.

멜란히톤은 이미 1521년의《신학총론》에서 '오직 믿음'을 단호히 옹호했다. "우리 행위가 지금은 아주 선해 보인다 해도, 실제로 그렇다 해도, 의로운 행위는 단 하나도 없다. 오직 예수 안에서 하나님의 자비와 은총을 믿어야 의롭다." 칭의의 내용은 죄 사함이며, '믿음'은 멜란히톤에게 '동의'와 '신뢰'에서 나온다. "믿음이란 우리 모두에게 알려진 하나님의 말씀에, 즉 그리스도의 중재 덕분에 우리에게 거저 속죄의 선물을 주실 것이라는 약속에 동의하는 것이며, 믿음이란 그리스도의 중재로 인해 약속된 하나님의 자비를 믿는 것이다." 의로워지고 새로워졌다 해도 인간은 또 은총에서 벗어날 수 있다. 그러면 하나님께서 다시 문을 여시고 그를 자비롭게 받아들이신다.

칭의론은 아우크스부르크 신앙고백과 관련하여 1531년 9월에 작성된 《아우크스부르크 신앙고백 변증서die Apologie der Confessio Augustana》 최종판에서 확실히 표현된다. 여기서 멜란히톤은 칭의를 하나님의 심판, 말씀의 사건, 의롭다는 하나님의 판단으로 이해했다. 재판관이 죄인에게 무죄 판결을 내리듯, 하나님은 죄인을 죄 없다 판결하신다. 하나님과의 관계만 달라질 뿐, 인간 존재가 달라지지는 않는다. 라틴어 전문용어인 '법정Form'[5] 때문에 19세기 후반부터 멜란히톤의 칭의 이해는 '법정적forenisch', 혹은 '전가적imputativ' 칭의론으로 불렸다. 신자에게 그리스도의 의가 전가되었기 때문이다.

멜란히톤의 교육 방식은 자연스레 논란이 되었다. 우선 법학적 관점과 전문용어가 충분하지 않다는 지적이 있었다. 왜냐하면 평화를 주고 죄를 사하시는 하나님의 구원 행위를 인간 입장에서 일방적으로 강조하기 때문이다. 이러한 강조는 하나님상에도 영향을 미친다. 또 다른 논란은 칭의가 성화聖化에서 분리되면 안 된다는 점이었다. 당연히 멜란히톤은 구원의 확신, 그리고 실질적·교육적 의도에서—시간적 결과는 염두에 두지 않고— 두 가지 관점을 구분했다. 속죄에 '반드시' 뒤따르는 새로운 순종은 멜란히톤에게는 어쩔 수 없이 의에 속했다. 그는 순종을 성령의 행위로 이해했고, 성령은 인간에게 '동시에' 무죄 판결을 선물로 준다. "깜짝 놀란 양심이 믿음으로 위안을 받는 동시에 성령이 오시며, 성령은 하나님의 법칙에 상응하는 새로운 감동을 일깨운다."

새롭게 요청된 순종과 관련하여 멜란히톤은 일명 '율법의 제3용법'을 중시했다. 하나님의 율법은 일상의 질서를 잡고, 정신적으로는 인간에게 그들의 죄를 보여 준다. 그뿐만 아니라 믿음으로 의로워진 자를 하나님이 기뻐하시는 삶으로 이끌고자 한다. 모든 선행의 출발점과 핵심은 기도와 간구다. "우리가 하나님의 자비로움을 인식했다면 우리는 그분께 간구하고, 그분을 사랑하고 그분을 따른다." 선한 행위는 의를 따르고, 의인은 예전보다 많은 선행을 한다. 또 선한 행위는 이승에서나 저승에서나 하나님께 칭찬받는다. 물론 어떤 의인도 완벽에 도달하지는 못한다. 부분적으로 죄에 사로잡혀 있기 때문이다.

멜란히톤의 전가적-법정적 칭의론은 루터파에게 매우 적절했다. 루터는 멜란히톤이 찾아낸 이 표현을 받아들였다. 1531년 가을, 《아우크스부르크 신앙고백 변증서》에서 확정된 용어는 수십 년간 공적인 효력이 있었다. 루터파 신앙고백서들을 1580년에 편찬한 《일치신조서》[6]에도 이 용어가 사용되었다. 그러나 1584년 판은 아직 완성되지 않은 이전의 용어 즉 1531년 4월의 용어로 다시 돌아갔다.[7]

멜란히톤은 첫 교리서에 결혼을 언급하지 않았지만, 이후 다른 저술에서는 다루었다. 그는 결혼 안에서 '하나님의 행위'를 보았다. 이것이 간음을 막아 줄 뿐 아니라, 남자와 여자가 충만한 사랑 가운데 함께하며 작은 교회를 이루고, 예수 그리스도 안에서 하나님과 인간이 진정으로 일치되었다는 징후와 모상^{模像}을 육체적 화합으로 표현한다 생각했다. 그러나 멜란히톤의 결혼은 이런 의미와 완전히 다르게 시작되었다.

마지못해 한 결혼

중세에는 결혼하지 않는 사람이 존경을 받았다. 사제나 수도사, 수녀뿐 아니라 학자까지 결혼을 거부하곤 했다. 로이힐린 등 인문주의자들은 결혼하지 않았다. 아내와 아이들이 없어야 매이지 않고 학문에 전념할 수 있었다. 더욱이 성생활은 죄를 짓는 것으로 금기시되었다.

멜란히톤은 비텐베르크 대학 교수가 된 이후, 적어도 1519년 8월까지는 학생들과 함께 살았다. 요즘 관점으로 보자면 한 집에 여럿이 거주하는 주거 공동체를 이룬 것이다. 그러나 루터와 다른 동료들은 이런 생활방식을 점점 회의적으로 바라보았는데 멜란히톤이 잘 먹지 않아 건강을 해칠까 염려했기 때문이다. 사람들은 결혼을 하라고 멜란히톤을 들볶았다. 이 젊은 학자는 1520년 말 마지못해 결혼을 했다. 젊은이들에게 본보기가 되고 싶은 마음이 있었고, 스스로도 '육신의 약함'을 안다고 고백했기 때문이다. 그러나 결혼 생활이 학문 활동에 지장을 줄까 염려한 것은 사실이다. 그와 달리 루터는 1520년까지 수도사로 살았고 그후 5년이 지나서야 결혼할 결심을 했다.

멜란히톤은 도시에 살던 상류층 카타리나 크라프[1]과 결혼했다. 그녀의 아버지는 신사복을 만들고 옷감도 파는 양복점 주인이었고 비텐베르크 시장이었다. 카타리나는 당시 스물세 살이었는데 나이를 두고 이러쿵저러쿵 말이 많았다. 나이가 많아서, 즉 결혼 적령기를 훌쩍 넘겼기 때문이다. 당시 여성은—훗날 멜란히톤의 딸 가운데 하나도 카타리나보다 10년—일찍 결혼했다. 오늘날 연구에 따르면 중세 후기 여성의 평균 결혼 연령은 24~25세로 추정된다.[2] 특이하게도 이 부부는 나이가 같았다. 아주 특이한 경우였는데 비텐베르크 사람들은 나이가 같은 부부를 이상하게 여겼다. 나이 든 남자가 어린 여자와 결혼하는 것이 당시 통례였기 때문이다. 콘스탄츠 출신 대학생 토마스 블라러[3]는 편지에 이렇게 썼다. "필리프가 결혼했어. 나이도 비슷하고, 지참금도 별로고 외모도 볼품없는 여자랑." 카타리나가 처녀가 아니라는 소문이 비텐베르크에 파다했다.

멜란히톤의 결혼이 불행할 징조는 이미 있었다. 결혼을 코앞에 둔 그가 친구에게 '슬픔의 날'이라고 편지를 보낸 것은 놀랄 일이 아니다. 영리하게도 그는 이 편지를 그리스어로 썼다. 누군가의 손에 들어갈까 염려해서였다. 분명 카타리나는 이 편지를 본 적이 없을 것이다.

신혼 시절, 첫 부부 싸움이 있었다. 이유가 특이했는데 자신처럼 갓 결혼한 젊은 대학생 요한 아그리콜라[4]를 멜란히톤이 함께 살자며 집에 불러들인 것이다. 멜란히톤은 이런 식으로 남자들의 우정이 계속되리라 생각했지만 친정에서 재정 지원을 받는 카타리나가 결사반대했다. 예전처럼 친구들과 살려던 계획은 어그러졌고 깊은 절망에 빠진 멜란히톤은 앞서 언급한 친구에게 편지를 보냈다. "나는 나 자신의 주인이 되는 건 포기했다네." 그는 1521년의 다른 편지들에서 결혼의 '굴레', 자신의 크나큰 고통, 이 고통을 하나님이 보낸 '예속'이라 여긴다는 내용을 언급한 후 다음과 같이 썼다. "이제껏 이렇게 힘든 적은 한 번도 없었다네." 그러나 훗날 멜란히톤은 아내를 깊이 사랑하며, 진심으로 그리워한다고 언급한다.

어쩌면 결혼 초기의 불만 때문에, 1525년 루터의 결혼을 멜란히톤이 반대했는지도 모른다. 멜란히톤은 농민전쟁으로 세상이 어수선한데 결혼을 해야 하느냐며 외부적 이유를 들어 루터의 결혼을 반대했다. 대체 무엇이 루터를 결혼으로 내모는지 멜란히톤은 정말 궁금해했고, 수녀였던 여인들이 늘 루터에게 구애했다고 언급하기도 했다. 어쩌면 그들과의 지속적인 교류가 루터를 '여리게 만들었고', '불타오르게' 했을 것이라 생각했다. 루터가 이미 카타리나 폰 보라[5]와 잤을 것이라는 소문이 비텐베르크에 널리 퍼졌다. 물론 멜란히톤은 날조된 소문임을 알고 있었다.

카타리나 크라프의 신혼 생활은 사회적으로 추락하는 과정이었다. 1520년 당시 멜란히톤은 여전히 가난했기 때문이다. 1년에 60굴덴밖에 벌지 못했다. 1524년 말, 멜란히톤은 결혼 4년 동안 아내에게 옷 한 벌 사주지 못했다고 불만을 내비쳤다. 당시 성인 1인의 1년 최소 생계비는 20굴덴이었다. 1525년부터 멜란히톤은 고소득자가 되는데 200굴덴, 300굴덴, 전성기에는 400굴덴까지 벌게 된다. 특별교수 지위에, '자유롭게 가르친다'[6]는 특권을 누렸다. 그는 낭비벽이 없었다. 오히려 그 반대였다. 루터와 달리 멜란히톤은 한결같이 금욕적으로 살면서도 손님이 찾아오면 환대했고 인색하게 굴지 않았다.

문헌에 따르면 카타리나는 살림에 소질이 없었다고 한다. 특히 루터의 부인이자 개신교 사모의 모범인 카타리나 폰 보라와 비교할 때 카타리나는 형편없는 살림꾼이었다. 종교개혁자를 남편으로 둔 두 여자는 개인적으로도 서로 맞지 않았다. 멜란히톤은 이미 1519년부터 하일브론 근처 일스펠트 출신의 요하네스 코흐와 함께 살았다. 그는 원래 비텐베르크 대학에 공부하려고 왔다가 멜란히톤의 친구이자 봉사자가 되어 살림과 아이 교육을 담당했고, 1553년 사망할 때까지 멜란히톤 가족의 살림을 맡았다. 멜란히톤 부부는 네 자녀를 두었는데, 한 아이는 태어난 지 얼마 되지 않아 사망했다. 멜란히톤의 후손은 지금도 존재한다.

카타리나는 살림도 하지 않았고, 남편이 공무로 여행을 가도 따라나서지 않았다. 그러나 카타리나는 멜란히톤과 함께 전쟁과 전염병을 겪었고, 망명 생활도 함께했다. 카타리나와의 결혼으로 멜란히톤은 비텐베르크에, 그것도 힘든 시절에 그곳에 머무를 수 있었다. 카타리나는 세상을 떠나기 전, 심하게 아플

때가 많았다. 1557년, 멜란히톤이 막 여행길에 오르자 카타리나는 세상을 떴다. 카타리나 폰 보라와 달리 카타리나 크라프의 무덤은 남아 있지 않다.

946굴덴짜리 집을 하사받다

카타리나는 결혼 지참금으로 자그마한 집을 마련해서 왔다. 멜란히톤 부부는 이 집에서 살다가 멜란히톤이 유명인사가 된 뒤, 1536년에 허물고 다시 지었다. 1532년 선제후가 되어 훗날 '데어 그로스뮈티게der Großmütige', 즉 '아량이 넓은 자'로 불렸던 선제후 요한 프리드리히 1세[1])가 자신의 신하이자 비텐베르크 대학의 저명한 교수였던 멜란히톤에게 르네상스 양식의 큼직한 3층짜리 집을 돌로 지어 준 것이다. 정면 꼭대기에 아치형 지붕을 겹겹이 쌓아 장식한, 946굴덴짜리 집이었다. 루터는 멜란히톤보다 먼저 선제후로부터 하사받아, 이전부터 살던 수도원을 개인 집으로 사용하고 있었다.

1536년부터 멜란히톤은 대학과 루터가 사는 집에서 아주 가까운 거리의 아름다운 현대식 집에서 가족과 함께 지냈다. 도시 한가운데 있는, 신분에 걸맞은 집이었다. 거리 쪽에 자리 잡은 넓은 서재에는 큼직한 창문이 세 개 나 있고, 창문마다 가운데가 튀어나온 둥근 유리가 끼워져 있었다. 채소밭도 있었다. 멜란히톤은 그곳에서 식물 연구에 몰두했다. 1556년에는 비교적 현대적인 비텐베르크 식으로, 굴착 펌프를 이용한 우물이 설치되었다.

그의 집에는 여러 대학생이 사숙을 했는데 하숙방에 자기네 가문의 문장을 달아 놓고 떠나는 사람도 있었다. 1543년, 쾰른 출신 대학생인 프리드리히 바호펜 폰 에히트와 헤르만 링이 남긴 두 문장이 지금도 보존되어 있다.

멜란히톤의 집은 현재 콜레기엔슈트라세 60번지에 있다. 전시물을 보면 멜란히톤의 삶과 그가 무슨 일을 했는지 짐작할 수 있다. 정원을 보면 멜란히톤의 다양한 학술적 관심사가 보인다. 1551년에 정원에 설치한 점판암 상판의 돌 탁자도 보존되어 있다. 'P Melanchthon 1551'은 19세기에 새긴 것으로 추정된다. 정원을 장식한 두 그루의 주목朱木도 멜란히톤 시대에 심은 것은 아닐 것이다.

작센에서 일어난 종교개혁

1517년부터 종교개혁은 독일에서 차근차근 진행되었지만, 정작 종교개혁이 일어난 선제후령 작센에서는 1522년부터 수년간 침체기를 겪었다. 여기에는 내적·외적 이유가 있다.

루터는 급격한 변화를 원치 않았다. 먼저 사람들의 생각을 변화시켜야 했다. 구교 추종자도 의식한 것이다. 루터의 종교개혁은 낱말 개혁이었고 설교 개혁이었다. 예배 의례 변화도 신중을 기했다. 1523년, 루터는 종교개혁의 근본 원칙 위에 새 예배 의식을 만들었는데, 라틴어로 예배를 진행하고 설교만 독일어로 하는 것이었다.

선제후령 작센의 군주 현자 프리드리히도 염두에 두어야 했다. 루터를 보호하는 인물이었으나 그는 공개적으로 개신교 신앙을 고백하지는 않았다. 1525년, 임종을 앞두고서야 선제후는 빵과 포도주로 성찬식을 했고, 이를 통해 공개적으로 새로운 신앙을 고백했다. 프리드리히의 뒤를 이어 요한[1]이 선제후 지위를 계승했다. 그는 종교개혁의 열광적 추종자였다. 그래서 훗날 '데어 베슈탠디게der Beständige', 즉 '한결같은 자'라는 별명이 붙었다. 드디어 선제후령 작센에서도 종교개혁이 착착 진행되어 갔다.

선제후령 작센처럼 방대한 지역에 종교개혁을 가져오려면 '시찰'[2], 즉 '방문'이 필요했다. 시찰은 중세에도 있었는데 교회 감독이 목적이었다. 주교들이 자신들의 관할 아래 있는 신부와 신부의 교구 및 수도원을 찾아다녔다. 종교개혁 시기에는 관리와 신학자로 국립 위원회가 구성되었다. 이들은 여러 지역을 다니면서 그들의 입회 아래에서 목회자의 도덕성, 신학적 태도와 교육 상황, 교회 재산 등을 조사했다. 현 인원 및 재산 조사가 끝나면 적절하지 않은 수도사는 물러나거나, 새로운 목회자가 정부를 통해 임명되었으며, 수도원이 폐쇄되거나 교회 재산이 몰수되기도 했다. 몰수한 재산의 일부는 목회자 및 교사의 봉급, 빈민 구제에 사용되었고, 일부는 제후의 사적 혹은 공적 재산 증식에 사용되기도 했다. 어떤 군주에게는 종교개혁이 돈벌이 수단이었다. 더 큰 권력, 더 많은 재물이 종교개혁을 통해 들어왔다.

선제후령 작센의 첫 번째 시찰은 1524년에 있었다. 루터의 전 동료였던 카를슈타트가 튀링겐 지역의 오를라뮌데에서 한 일[3] 때문에 시찰단은 교구민과 대화를 나누려고 그곳을 방문했다. 1525년에는 아이제나흐 주변 지역 시찰이 있었다. 아이제나흐의 목사 야코프 슈트라우스가 이 일을 맡았다. 같은 해 루터는 선제후가 된 요한에게 전 지역에 걸친 시찰을 요청했고, 이를 위해 선제후의 고문관 두 명과 신학자 두 명으로 위원회를 구성해 달라고 했다. 1527년 선제후는 제안을 받아들였고, 이를 위해 직무상의 훈령을 공표했다. 이후 차츰차츰 선제후령 작센 전체가 시찰을 받았다. 멜란히톤도 수차례 참여했다.

루터는 1525년, 드디어 독일어로 진행되는 예배 의식 즉 《독일 미사와 예배 규정Deutsche Messe und Ordnung des Gottesdiensts》을 펴냈다. 1526년에는 《세례 의식Taufliturgie》을 만들었다. 1529년에는 《혼인 예배 순서Trauagende》와 《찬송가집Gesangbuch》이 나왔다. 이미 바르트부르크 시절부터 루터는 목회자의 설교에 도움을 줄 설교집을 저술하기 시작했다. 그러나 시찰을 하면서 분명히 깨달은 바가 있었는데, 종교개혁의 신학적 인식을 요약하여 목회자와 교사들에게 교회 규범 형식으로서 실질적 문제를 다룬 안내서가 필요하다는 것이었다. 멜란히톤이 이 일을 맡았다. 비텐베르크와 그 주변 지역을 시찰했던 경험을 바탕으로 그는 라틴어로 'Articuli, de quibus egerunt visitatores in regione Saxoniae', 즉 《작센의 시찰 강령Sächsische Visitationsartikel》을 1527년에 저술했다. 이것은 원래 초고였으나 멜란히톤이 모르는 사이 인쇄되었다. 튀링겐을 시찰한 뒤 독일어로 된 《시찰자들을 위한 지침Unterricht der Visitatoren》이 덧붙여졌다. 이것은 선제후와 루터가 공식적으로 승인한 후 1528년 2월에 인쇄되었다.

멜란히톤이 쓴 《시찰자들을 위한 지침》은 루터가 서문을 썼고, 다루는 주제가 다양하다. 개신교 신학의 교리, 십계명, 기도, 고난 중 기독교인의 태도, 세례, 성찬식, 회개, 고해, 죄에 대한 변상, 교회 규정, 혼인 문제, 자유 의지, 기독교적 자유, 투르크인의 위협, 교구 예배 의식, 성찬식 위원회, 교구 감독의 기능, 학교 건립과 교육 내용 등이다.

《시찰 강령》과 《시찰자들을 위한 지침》은 루터파 내에 최초로 큰 다툼, 일명 최초의 이율배반적 다툼을 일으켰다. 이 책자들이 율법 설교와 선행을 요구했기 때문이다.

멜란히톤은 《시찰자들을 위한 지침》을 자신의 경험에 기반하여 설명했다. 그는 시골 지역의 많은 개신교 목사들이 믿음을 설교하고 죄 용서를 전하지만, 어떻게 믿음에 도달하는지는 질문하지 않고, 회개의 필요성은 아예 다루지도 않는다 했다. 멜란히톤에게 회개 없이는 죄 사함도 없었다. 이런 잘못된 설교자들 때문에 사람들이 '안심하고 두려움을 모른다'고도 했다. 멜란히톤은 누가복음 24장 47절에 따라 복음을, 그리고 회개를 명하는 그리스도를 '온전히' 설교하라고 요구했다. '부지런히 그리고 자주' 회개하라는 경고를 해야 하며, 자신들의 죄를 뉘우치라고 요구해야 하며, 하나님의 심판을 두려워해야 한다고 했다. 설교자는 중대하고 명백한 죄를 비판하고, '잘못된 거룩'에도 주의를 기울이며, 거짓 성인에게 회개할 것을 엄중히 경고하라고 주장했다. 목회자는 십계명을 자주 강해하고, 성경 혹은 다른 예를 들어 하나님이 어떻게 벌하시는지 알려 주라고 구체적으로 권했다. 또 심판자 하나님을 먼저 전한 후 회개와 참회를 권하고, 죄 사함과 의를 선물로 주는 믿음을 설교하라 요구했다.

이러한 생각은 루터에게서도 찾아볼 수 있으며, 교의에 의해 '율법과 복음'으로 공식화되었다. 그러나 멜란히톤은 다음 글을 덧붙였다. '그리스도교적 삶의 세 번째는 선행이다.' 멜란히톤은 이것을 순결, 이웃 사랑, 십계명 준수, 고난당할 때의 기도와 올바른 태도라고 해석했다. 그는 간음한 사람이나 식탐이 있는 중대한 죄인, 회개의 기색이 없는 죄인은 수차례 경고하고, 그래도 효과가 없을 경우 성찬에서 제외시키라고 목회자들에게 권했다.

이렇게 선행과 율법을 새롭게 강조하자 요한 아그리콜라가 반대했다. 멜란히톤과 루터의 제자이자, 멜란히톤이 함께 살고 싶었으나 카타리나의 반대에 부딪혔던 그는 당시 아이스레벤의 교사였다. 아그리콜라는 멜란히톤이 요구한 회개를 권유하는 설교를 거부하고, 목회자는 오직 하나님의 은총을, 오직 하나님의 사랑을 설교해야 한다고 주장했다. 루터는 멜란히톤의 편을 들었고 논쟁은 일단락되었다. 이 논쟁은 최초의 모순적 논쟁으로 역사에 남았다.

훗날 루터파 내부에서는 또 다른 모순적 논쟁이 벌어졌다. 이 논쟁의 첫 번째 국면은 멜란히톤의 제자이자 비텐베르크 대학 신학교수인 게오르크 마요르[4]에 의해 시작되었다(마요르 논쟁). 1522년, 마요르는 율법을 비웃는 개신교도들과 멀찍감치 거리를 두면서, 구원에는 선행이 반드시 필요하다고 주장했다. 그러자 선행이 구원에 해가 된다는, 완전히 모순되는 반대 주장이 자연스레 등장했다.

종교개혁의 중요한 관점 가운데 하나는 교육제도 개혁이었다. 루터는 교육을 요구했다. 물론 여기에는 사회적 약자와 어린 여성의 교육도 포함되었다. 멜란히톤은 루터의 요구를 실행에 옮겼다.

'독일의 교사'

멜란히톤은 열정적인 교사였다. 이 젊은 교수는 대학 내 청년 교육에 몸을 바쳤다. 자신의 집을 학교로 만들기도 했다. 물론 경제적 이유도 있었다. 이 학교는 1521-1522년에서 1529-1530년까지 거의 10년간 유지되었고 많은 명성을 얻었다. 학생들은 읽기, 쓰기, 산수, 라틴어뿐만 아니라 기도까지 배웠다. 멜란히톤의 집에서는 아침과 저녁으로 식탁에 모여 기도를 했다. 그는 학생들을 위해 기도서를 쓰기도 했다.

멜란히톤은 즐거이, 자주 맞춤식 수업 계획을 만들었다. 대학 내 모든 학생에게 보충 학습 담당자를 붙여 줄 계획이었다. 그러나 모든 측면에서 이 계획은 실패했다. 학생들은 지나친 간섭을 두려워했고 교수들은 할 일이 늘어나는 것을 꺼렸으며, 시 재정은 부족했다. 멜란히톤의 교육이 비텐베르크 대학에서 거둔 성공은 눈부셨다. 학생들이 비텐베르크 시로 몰려들었다. 그것은 루터 때문만은 아니었다. 이미 1520년 멜란히톤 강좌 수강생은 500~600명이었고, 루터는 약 400명이었다. 멜란히톤이 교양 과정을 담당했다는 이유도 있었다. 교양학부[1]에서 석사 학위를 마친 뒤 신학을 더 공부하는 학생은 일부였다. 대부분의 개신교 목사는 석사 학위는 취득했지만, 신학 학위는 없었다.

멜란히톤은 아직 교육학을 독자적 학문으로 여기지 않아서 교육학 교과서는 저술하지 않았다. 하지만 교육학적 주제들은 언급했고, 수사학, 윤리학, 심리학적 틀에서는 교육적 문제들을 다루었다. '독일의 교사'는 교육 문제를 어떻게 생각했을까?

그에게 교육은 그 자체가 목적이 아니었다. 멜란히톤은 교육을 상아탑 내로 국한하지 않았고, 중세의 소피스트 철학에 반대했으며, 사회에서 동떨어져서도 안 된다고 했다. 국가가 상황이 좋으면 좋을수록, 국가는 예술과 학문에 몰두하는 사람에게 더욱 관대해야 한다고 생각했다. 그가 보기에 교육정책은 한 사회의 수준을 가늠하는 척도였다.

멜란히톤은 교사라는 직업을 칭찬했다. 학교생활보다 더 기쁨을 주는 생활 방식은 없다. 또 정신적으로 건강한 사람이라면 진리를 알 때 말로 표현 못하는 쾌락을 느낀다. 진리를 인식하는 것은 인간이 지향하는 최고의 목적이기 때문이다. 학교생활은 낙원의 모방이었고, 그것은 천국의 삶과 천국의 아카데미를 미리 맛보는 것이었다. 삶에 이로운 학문을 보존·확장하는 것은 인간이 생각해 낼 수 있는 가장 거룩한 일이며 하나님도 흡족해하시는 것이었다. 신자가 교회에 들어가듯 그러한 마음으로 학교와 대학에 들어가야 하는데, 이는 학교와 대학도 거룩한 것을 다루기 때문이라는 것이다.

멜란히톤의 기본 교육 개념은 달변Eloquentia, 읽기Lectio, 모방

Imitatio, 연설Declamatio이었다. 그중 제일은 달변이었다. 언어와 사실, 문법적 관점과 현실 인식은 교육에서 매우 중요한데, 명료하게 표현해 내는 능력의 문제이기 때문이다. 적절한 언어로 표현하지 못하는 이해는 제대로 된 이해가 아니었다. 이해와 말하기는 절대 분리될 수 없다. 달변의 길은 읽기로 이어진다. 고전을 읽음으로써 언어와 그 내용을 동시에 배울 수 있다. 성서 읽기도 물론 중요하며 매일의 과제이다. 읽기 다음에 이어지는 것은 고전 작가의 모방, 특히 키케로의 모방이다. 이렇게 공부하면 자신만의 라틴어 연설문을 작성하고 말하는 능력을 갖춘다. 1524년 멜란히톤은 비텐베르크 대학에 하나의 관례를 만들었다. 즉 연설을 학업에 도입한 것이다. 이렇게 그는 대학 교육 방식에 오랫동안 영향을 끼쳤고, 그 영향은 오늘날까지도 지속된다.

멜란히톤은 배우고 가르치는 데 필요한 실용적인 방법상의 규칙을 세웠다. 그는 예문 공부가 규칙 암기보다 효과적이라고 생각했다. 자주 반복하는 것이 대단히 중요했다. 적은 것을 철저히 하면 많은 것을 피상적으로 할 때보다 훨씬 낫다. 듣기뿐 아니라 스스로 하는 연습도 중요했다. 기분 전환은 공부에 의욕을 주지만 지루함은 성공적인 학습을 방해하는 위험한 적이었다.

멜란히톤은 종교교육도 했다. 이미 1518년에 행한 취임 연설에 경건함과 교육이 밀접한 관계라고 주장한 그였다. 물론 경건함이 없는 교육도 인정하지만, 품격 있고 교육다운 교육이라면 경건함이 있어야 했다. 뒤집어 말하면 멜란히톤에게 교육은 항상 진정한 경건함이었다. 교육받지 않은 경건함은 가치가 없었다. 인간이 어떻게 경건함을 얻느냐는 질문에 그는 경건을 실행하고 연습하면서 배운다고 답했다.

시찰 여행을 다니면서 멜란히톤은 수많은 독일 학교를 방문했고 또 개혁했다. 특히 그는 아이스레벤(1525)과 슈바르체 엘스터 강가의 도시 헤르츠베르크(1538)에 세 과정의 라틴어 학교, 일명 트리비알슐레 건립을 촉진시켰다. 이를 위해 그는 학교 규칙을 만들어《시찰자들을 위한 지침》에 수록했다.

그는 아이들을 학교에 보내도록 부모를 교육시키는 것이 목회자의 과제라 생각했다. 교회와 사회에 학교 교육을 받은 사람이 필요하기 때문에 반드시 학교에 가라는 것이다. 그가 구상한 라틴어 학교는 세 과정으로 이루어진다. 첫 번째 과정에서 학생들은 주기도문 읽기를 집중적으로 배운다. 두 번째 과정에서는 라틴어를 공부한다. 이 과정에서 종교적 가르침은 멜란히톤이 '그리스도교도의 삶의 총체'라 생각한 성서, 교리문답서와 시편 등으로 이뤄졌다. 이 단계에서 많은 것을 암기한다. 그러나 아직은 '어렵고 수준 높은 책들'로 부담을 주면 안 된다. 멜란히톤은 이 과정에 적절한 책으로 이사야서, 로마서, 요한복음을 꼽았다. 세 번째 과정에서는 키케로, 버질, 오비디우스의 책으로 수준 높은 라틴어 수업을 한다. 여기에 문체 연습과 토론법 및 수사학 공부도 덧붙는다. 상급반 학생들은 이제부터 라틴어로만 말해야 한다.

멜란히톤은 대학 설립과 개혁에도 관여했다. 비텐베르크 대학 규정 즉 학칙도 그가 만들었다. 학칙에는 수업의 시작과 내용뿐 아니라 학생들의 태도에 적절히 대응하는 지침도 규정되어 있다. 이 밖에도 그는 튀빙겐, 프랑크푸르트 안 데어 오더, 라이프치히, 로슈토크, 하이델베르크, 마르부르크 안 데어 란, 쾨니히스베르크와 예나에도 영향을 끼쳤다. 대학 설립과 개혁에 관여하기 위해 반드시 현장에 갈 필요는 없었다. 멜란히톤은 자주 편지를 써서 조언을 했다. 그곳에서 일하는 제자들을 통해 간접적인 영향을 주기도 했다.

대학 개혁에서 멜란히톤의 공로가 가장 선명히 드러나는 곳은 튀빙겐 시다. 멜란히톤은 시간이 갈수록 이 도시와 특별한 관계를 맺어 나갔다. 공작령 뷔르템베르크는 1534년 개신교로 전향했다. 이미 같은 해, 뷔르템베르크의 종교개혁자인 에어하르트 슈네프[2]와 대학 사무총장 요하네스 크노더는 멜란히톤에게 튀빙겐으로 와 달라는 편지를 공작의 명령을 받아 보냈다. 재미있는 사실이 있는데, 구교를 믿는 튀빙겐의 교수들도 멜란히톤이 와주기를 바랐다는 것이다. 그들의 생각처럼 멜란히톤은 '신랄하거나 시기심이 많지 않고, 예의바르고 친절하며 평화를 사랑하기' 때문이었다. 멜란히톤은 이 임무에 마음이 있었던 것 같다. 그러나 결정은 선제후가 내리는 것이었다. 선제후는 비텐베르크에 남아야 한다고 결정했고, 1535년 멜란히톤이 매우 신임하는, 그때까지 뉘른베르크 대학에서 강의하던 요아힘 카메라리우스가 튀빙겐으로 갔다. 그는 1541년까지 그곳에 머물다가 이후 라이프치히 대학 교수직을 맡았다.

1536년 봄, 튀빙겐은 또다시 멜란히톤을 초청했다. 그 대학 도시를 떠난 지 18년이 되던 해, 멜란히톤은 대학 생활을 시작했던 곳으로 결국 돌아가 자신의 소명을 다했다. 100굴덴이라는 매우 큰돈을 받고, 비텐베르크로 돌아온 그는 1537년과 1545년, 튀빙겐의 교수로 와 달라는 요청을 다시 받았으나 두 번 다 거절했다. 그는 비텐베르크에 거주하면서, 튀빙겐 대학이 형태를 갖추는 데 지속적인 영향을 끼쳤다.

멜란히톤의 영향으로 튀빙겐 대학에서는 언어 수업이 강화되었다. 학생들은 아리스토텔레스와 성서를 원전으로 읽어야 했다. 법학 전공자들이 강의하는 교회법 수업은 폐지되었다. 종교 개혁에 반대하는 교수들은 퇴출되었다. 개신교 예배 참여와 윤리적 삶이 대학생들의 의무였다.

마지막으로, 멜란히톤은 상급 인문학 학교, 일명 고등학교 Oberschule를 만들었다. 뉘른베르크에 세운 학교가 가장 유명한데, 이 학교는 김나지움Gymnasium이라 불리는 현대 인문학 고등학교의 모범이 되었다. 1524년 뉘른베르크 시의회는 교장으로 멜란히톤을 지명했고 비텐베르크 대학 교수였던 그는 당연히 직책을 거절했다. 그러나 1525년 11월, 멜란히톤은 학교 설립을 준비하려 다시 뉘른베르크로 왔고, 1526년 5월에 학교는 문을 열었다.

뉘른베르크 여행 덕에 멜란히톤은 뉘른베르크 클라라 수

도원의 수녀 카리타스 피르크하이머와 예상치 못한 만남을 갖
게 된다.

수녀원장 피르크하이머

멜란히톤은 수도사가 아니었고, 수도원에서 살기로 마음먹은 적도 없었다. 수도사와 수녀의 순결, 순종의 맹세는 성서 어디에도 근거가 없다는 입장을 루터보다 앞서 공개적으로 주장했던 그였다. 순전히 외적 의무를 이행하려는 금욕적인 성무일도[1]도 비난했다. 멜란히톤이 성무일도를 비난할 때도 루터는 아직 성무일도를 성실히 행하고 있었다. 멜란히톤은 루터와 함께, 수도원을 학교로 개조하자고 주장했다.

　이러한 요구는 여러 곳에서 다시 이야기될 필요가 없었다. 수많은 수도원이 점차 텅텅 빈 것이다. 수도사와 수녀들이 수도원을 뛰쳐나가 새로운 삶의 형식으로 결혼을 선택하고 있었다. 가장 유명한 예가 카타리나 폰 보라였다. 그녀는 1523년 수도원을 떠나 1525년 루터와 결혼했다. 그러나 자신들의 삶에 확고한 신념을 가지고 계속 이대로 살고자 하는 수도사와 수녀는 어떻게 해야 하나? 1525년 멜란히톤은 뉘른베르크에서 이러한 질문과 맞닥뜨렸다. 그는 구교를 신봉하는 수녀원장 피르크하이머를 만난다.

　카리타스 피르크하이머의 원 이름은 바르바라 피르크하이

머로, 1467년 아이히슈테트에서 태어났다. 그녀의 집안은 명망 있고 부유한 뉘른베르크 상류 계층으로 유럽에서 규모 면으로 손꼽히는 상점을 소유하고 있었다. 1479년, 그녀는 교육을 목적으로 그 지역에 있는 클라라 수녀원에 들어왔으나 1483년, 서약을 했고 이를 지켜갔다. 수도회에서 받은 이름은 카리타스로서, 클라라 수녀원의 강령이기도 했다. 카리타스의 뜻은 사랑이었다. 카타리나 폰 보라와 달리 그녀에게는 수녀원의 삶이 문제가되지 않았다.

14세기에 세워진 클라라 수녀원은 성 프란체스코의 전통을 따랐다. 프란체스코는 1215/1216년 사도들을 모범으로 하는 새로운 삶을 제시했다. 클라라 수녀회를 세운 아시시의 클라라는 프란체스코를 따르는 수행원들 중 첫 여성이었다. 프란체스코는 클라라를 염두에 두고 수녀원을 세웠고, 클라라는 수녀원에 질서를 부여하고 규칙을 세웠다. 이 규칙은 1253년 교황의 승인을 받는다. 뉘른베르크 클라라 수녀원에는 대략 60명의 수녀들이 있었는데 이들은 모범이 되는 종교적 삶을 살았다. 피르크하이머는 1503년, 수녀원장으로 선출되었다. 그녀는 교육 수준이 높았고 라틴어까지 구사했다. 그곳에는 좋은 도서관이 있었고 그녀는 인문주의자들과 서신으로 교류했다. 인문주의자들 중 여성과 수도사는 아주 미미한 수였다. 여성이 극히 드물었고 수도원 소속 인문주의자 역시 마찬가지였다. 카리타스 피르크하이머는 인문주의자였고, 당연히 여성이었으며 수녀였다. 즉 인문주의자 수녀였다. 수도원에 소속된 유일한 여성 인문주의자였을 것이다.

종교개혁은 수도원을 넘어, 명상적·학구적이자 예배와 교양을 목표로 삼는 삶을 변화시켰다. 제국 도시 뉘른베르크는 1522년에 종교개혁에 관심을 기울였고, 루터의 사상을 실행에 옮기려 했으며, 루터가 아직 수도사였던 1524년에 수도원을 해체하기 시작했다. 특별히 남성 수도원에서, 아무 문제 없이 다양하게 이뤄진 일이었다. 그러나 클라라 수녀회는 일치단결하여 이에 저항했고, 개신교 도시 안에서 구교 추종자로서 수녀원의 삶을 이어나가려 했다. 뉘른베르크의 개신교 교회 당국과 종교개혁가들은 이를 곱게 보지 않았다. 수녀들은 프란체스코 교단 고해신부를 빼앗겼고, 자신들을 격렬하게 비난하는 개신교 설교자들의 말을 억지로 경청해야 했다. 성무일과를 행하려 제단실에 모이면, 뉘른베르크의 개신교 시민들이 강론대 너머로 돌을 던져 수녀들을 방해했고 다치는 수녀도 생겼다. 강론대는 성당 공간과 제단실 공간을 분리하는 일종의 벽 모양이었다. 딸들을 수녀원에 보냈던 개신교인 부모들은 이전의 결정을 후회하며 수녀원으로 몰려들었고 딸들을 강제로 데려갔다. 눈물겨운 사건들이 일어났다. 시 의회는 수녀복을 입지 않도록 하고, 눈길을 마주치면 안 된다는 클라라 수녀회의 엄격한 규율에 따라 음성만 들리도록 뚫어놓은 창을 얼굴까지 보이도록 다시 만들라고 강요할 계획이었다. 피르크하이머는 온 힘을 다해 수녀들을 보호했고 편지를 쓰고 청원했다. 그녀는 루터가 보름스에서 했듯 자신의 양심을 걸었고, 자신들 사이에 섞여 살아가는 타 종교인들을 투르크인들은 너그럽게 관용한다는 것을 개신교도들에게 상기시켰다. 위와 같은 강제가 정당하다는 뉘른베르크의 종교개혁가 안드레아스 오지안더와도 만나 몇 시간씩 대화를 나누었다.

이러한 위기 속에서 피르크하이머는 남동생이자 인문주의자인 빌리발트 피르크하이머[2]에게 도움을 청했다. 그는 1525년 봄, 옛 친구 멜란히톤에게 편지를 보냈고, 위와 같은 상황을 마음을 움직이는 필치로 묘사했으며, 와서 중재해 줄 것을 요청했다. 빌리발트 피르크하이머는 자신도 수도원의 삶을 비판적으로 보고 있으며, 수녀가 된 두 딸의 인생이 잘못이라고 여긴다는 말을 덧붙였다. 그러나 그도 폭력만은 결코 정당화할 수 없었다.

1525년 가을, 멜란히톤이 뉘른베르크로 향하자 카리타스 피르크하이머는 이 기회를 놓치지 않았다. 수녀원을 방문하게 만들 생각이었다. 자문회 의원인 카스파르 뉘첼이 이를 위해 힘썼고 의도한 대로 되었다.

멜란히톤은 1525년 11월 18일, 클라라 수녀원을 방문하여 수녀원장과 단 둘이 대화를 나눴다. 멜란히톤은 종교개혁이 관심사임을 분명히 밝힐 생각이었으나 수녀원장은 이미 잘 알고 있음을 보여 주었다. 종교개혁가들이 고집스레 주장하듯, 그녀 자신과 다른 수녀들 역시 행위에 소망을 두지 않고 하느님의 은총에 소망을 둔다는 사실을 그녀는 강조하면서 행위로 의를 얻기를 구한다는 예상했던 질책에 맞섰다. 멜란히톤은 서약에 공로가 있다고 여기지만 않는다면, 수도원 밖에 있든 수도원에 있든 구원받을 수 있음을 인정했다. 서약의 효력 문제에 있어서 두 사람의 의견은 일치하지 않았다. 멜란히톤은 서약의 구속이 영원하지 않다는 자신의 의견을 유지했다. 반면 피르크하이머는 하나님께 한 약속은 지켜야만 한다고 주장했다. 이렇게 각자 의견이 달랐음에도 두 사람은 서로에게 호의를 가진 채 헤어졌다.

이 대화 이후 멜란히톤은 시 의회에서 클라라 수녀회를 변호하는 입장에 섰다. 고해신부를 박탈한 것과 수녀들을 납치한 것을 비난했고, 강제 조처에 반대하는 입장을 명확히 밝힌 것이다. 그 결과 뉘른베르크 사람들은 클라라 수녀원을 내버려 두었다. 1528년, 단 한 명의 수녀만이 자발적으로 수녀원을 나갔다. 다른 수녀들은 사망할 때까지 그곳에 머물렀다. 당연히 수녀를 새로 받는 것은 허용되지 않았다. 그 밖에도 클라라 수녀원의 회원은 구교 사제를 통한 종교적 보살핌이 일절 허락되지 않았다. 즉 더 이상 고해를 할 수 없었고 성체성사, 환자 도유식[3], 종부성사를 포기해야 했다. 1596년, 마지막 수녀가 사망하자 수녀원은 철거되었고 성당만이 보존되었다. 그 안에는 1532년에 사망한 수녀원장의 시신이 안치되어 있었다. 그녀의 무덤은 1959년 다시 발견되었는데 오늘날 성당 부지에는 그녀의 이름을 딴 가톨릭 교육 센터가 서 있다. 개신교 제국 도시 뉘른베르크에 끼쳤던 그녀의 영향을 상기시킨다.

피르크하이머는 멜란히톤과의 대화 이후 그의 인품을 수차례 긍정적으로 표현했으며 모든 개신교도들이 그와 같으면 좋겠다는 소망을 밝혔다. 그러나 개신교도들은 그렇지 않았다. 수도원 해체는 종교개혁의 힘이 미치는 모든 곳에서 끊임없이 일어났다. 처음에는 수녀들이 해체에 반대하는 일이 있었고, 수도원 학교로 전환되기도 했다. 그러나 수도원이 종교개혁으로 방향을 전환하여 계속 유지되는 경우는 극히 드물었다. 특히 현재 니더 작센 지역에는 종교개혁 이후 개신교 '부인회'가 생겼고, 귀족의 딸들은 이곳에서 개신교 식으로 수도원 생활을 영위할 수 있었다. 물론 이러한 시설들은 정확히 말하면 귀족의 딸들을 보호하는 시설이었고 교회와는 아무 상관이 없었다. 공동체 내에서의 종교적 삶도 특별히 심화되지 않은 듯했다. 이러한 부인회 중 몇몇은 오늘날에도 남아 있으며, 오스나브뤼크 북서쪽 뵈르스텔 회처럼 개신교 정신으로 새로운 수도원 삶을 영위하려고 애쓰는 곳도 있다.

19세기와 20세기에 프로테스탄티즘 안에서 새롭게 수도원을 세우려는 움직임이 있었다. 그 결과 구제 사업을 하는 '디아코니하우스'와 '전도회'가 생겼다. 근래 들어서는 '개신교 베네딕트교단 수녀회'도 생겼다. 또한 루터가 머물던 에어푸르트 수도원은 현재 개신교 형태의 수도원 생활을 다시 시도하고 있다.

멜란히톤과 피르크하이머의 만남은 일면 종교 분열 시대의 기독교 통합 운동의 잔재이자 시작이었다. 1530년에 열렸던 아우크스부르크 제국의회도 기독교 통합 운동의 기회를 제공했으나 순식간에 수포로 돌아가고 말았다.

아우크스부르크 신앙고백

1530년, 아우크스부르크에서 열렸던 제국의회는 종교개혁에서 너무나 중요한 사건이다. 이 의회가 열리기까지 있었던 사건을 보자.

1521년, 루터가 파문을 당하고 법적 보호가 박탈되는 사건에도 종교개혁 세력은 끊임없이 확장되었고 구교도들이 이에 맞서 격렬하게 일어나는 일도 없었다. 황제 또한 개신교도들에게 어떤 조치도 감행하지 않았다. 프랑스와 오스만투르크의 국경에서 일어나는 전쟁이 황제의 발목을 잡고 있었기 때문이다.

이후의 종교개혁 역사에 중요한 역할을 한 것은 1526년 슈파이어에서 열린 제국의회였다. 제국 의원들이 책임져야 할 문제가 발생하면 자신들의 양심을 따르도록 만장일치로 결정한 모임이었다. 개신교에 마음을 둔 제후들은 종교개혁으로 전환할 수 있는 특별허가증으로 이 결정을 받아들였고 그 후 종교개혁은 크게 발전하게 된다. 그러나 1529년 3월과 4월에 다시 슈파이어에서 제국의회가 열렸고, 멜란히톤은 선제후 일행의 조언자로서 참석했다. 황제는 불참하였으나 문서로 몇몇 사안에 의사를 밝힐 생각이었다. 황제는 종파 비교와 국가 공의회를 원했으나,

제안서가 너무 늦게 슈파이어에 도착했다. 이미 황제의 동생 페르디난트 오스트리아 대공이 자신의 제안서를 제출한 상태였다. 그는 1521/1522년부터 제국의 총독이 되었고, 1531년에는 독일 지역을 다스리게 되었다. 또한 그는 황제의 후계자로 예정된 인물로서 그의 제안서는 황제의 제안서보다 훨씬 완고했다. 공의회 때까지 개혁을 금지하며, 1526년의 결정은 무효이고, 이를 어길 시 제국의 법적 보호를 박탈할 것이라는 내용이었다. 이 제안은 다수결로 채택되었고, 이후 열릴 보편 공의회까지 모든 개혁은 엄격히 금지되었으며, 곳곳에서 미사가 다시 열렸다.

　　물론 이 결정은 심각한 법적 문제를 안고 있었다. 만장일치로 통과된 제국의회의 결정을 새로운 다수가 다시 폐기할 수 있단 말인가? 패배한 개신교 대표 의원들은 1529년 4월, 네 번이나 반기를 들었고, 믿음의 문제를 다수가 결정할 수 없다고 밝혔다. 제국 의원들은 하나님 앞에서 각자 서야 하며, 자신의 태도에 책임을 져야 한다는 것이다. 여기에 서명한 19명의 대표 의원들은 '항의Protestation[1]'를 제기했다. 이 때문에 개신교도들은 훗날 '프로테스탄트'라 불리게 된다. 19명의 대표들은 선제후령 작센, 헤센, 브란덴부르크 안스바하, 브라운슈바이크 뤼네부르크, 안할트(쾨텐), 스트라스부르, 뉘른베르크, 울름, 콘스탄츠와 그 외 몇몇 도시의 대표자들이었다. 종교개혁은 이런 식으로 1529년까지 계속 확장되었다.

　　1530년, 제국의회 날짜가 잡혔다. 황제 카를 5세는 이제 직접 회의에 참가하려는 확고한 뜻을 세웠고 이를 관철할 가능성도 컸다. 새 제국의회가 시작되기 전, 황제는 개신교도들에게 회의석상에서 자신들의 믿음을 명백히 논증하라고 요구했다. 개신교도들은 황제가 자신들의 믿음을 인정해 줄지도 모른다는 희망을 안고 일치된 신앙고백이라고 인정할 만한 문서를 서둘러 작성했다. 멜란히톤이 주된 책임을 맡았다. 루터는 이단자이자 법적 보호를 박탈당했다고 선포되었기에 신변의 위험을 각오하거나 목숨을 잃을 생각 없이는 아우크스부르크로 올 수 없었기 때문이다. 루터는 회의가 열리는 도시에서 가능한 한 가장 가까운 곳인 코부르크 성까지 와서 머물렀다. 오늘날의 북부 바이에른 지역으로, 당시에는 선제후령 작센에 속한 지역이었다. 그러나 신앙고백서는 회의가 열리는 곳에서 작성되어야 했고 5월 2일부터 9월 23일까지 멜란히톤은 아우크스부르크에 머물렀다.

개신교도들의 희망은 아우크스부르크에서 급속히 무너졌다. 황제가 주저없이, 분명하게 구교 편에 서서 도시 내 개신교 설교를 금지하고 성체 축제 행렬 참가를 지시했기 때문이었다. 멜란히톤은 다른 개신교 신학자 및 개신교 제후들과 끊임없이 조율하면서 신앙고백서 작성에 몰두했다. 그는 종교개혁이 그 근본에는 모두가 인정하는 그리스도교 기반에 서 있으며, 그 중심에는 조화가 있고, 단지 슬쩍 '오용'할지도 모르는 교회에 대해서만 비판을 가한다는 사실을 알리고 싶었다. 라틴어와 독일어로 각각 작성된 신앙고백서는 두 부분으로 선명히 구분된다. 첫 번째 부분에서는 신론과 죄악의 이해, 교회와 성사에 대한 가르침을 다룬다. 모두 21개 항목이며 조화가 중요시된다. 두 번째 부분에서는 단 여섯 가지 항목에서 라이엔켈히[2](평신도가 성찬식 포도주를 마시는 것), 성직자의 독신생활, 미사희생(미사에서 예수의 희생이 반복된다는 가르침)과 수도사들의 서약 같은 논쟁의 여지가 있는 문제들이 논의되었다. 그러나 타협을 위한 전략적 행동 혹은 진지한 제안이라 할 이러한 행동은 아우크스부르크에서 아무런 성과를 거두지 못했다.

1530년 6월 25일, 아주 더운 여름 오후 3시 정각, 라틴어로는 'Confessio Augustana' 혹은 약자로 'CA'라고 쓰는《아우크스부르크 신앙고백Augsburger Bekenntnis》의 독일어 본이 황제와 제국 의원들 앞에서 낭독되었다. 멜란히톤은 이때 그곳에 없었다. 지쳐 있던 그는 아우크스부르크에 있는 숙소에 앉아 울고 있었다. 비텐베르크에서 온 선제후의 궁내관 크리스티안 바이어가 주교의 궁전 안에 있는 참사회 회의실에서 이 고백서를 읽는 임무를 맡았다.

그런데《아우크스부르크 신앙고백》이 아우크스부르크에서 제시되었던 유일한 개신교 신앙고백은 아니다. 스트라스부르시의 주도로 4개의 '고지 독일' 도시 즉 독일 남서부 도시들이《4개 도시 신앙고백Confessio Tetrapolitan》을 제시했다. 취리히 종교개혁가 홀트리히 츠빙글리[3]는 신앙고백서《믿음의 이유Fidei ratio》를 제출했다. 그러나《아우크스부르크 신앙고백》과는 달리 아우크스부르크에서 누구의 관심도 끌지 못했다. 이 두 신앙고백이 《아우크스부르크 신앙고백》과 다른 점은 성찬 이해에 있다. 성찬 문제에서 루터파는 스트라스부르와 취리히의 종교개혁가들보다 구교에 더 가까웠다.

구교도들은 《반박서Confutatio》로 아우크스부르크 신앙고백에 응답했다. 이것은 8월 3일 발표되었으나, 개신교 측에 보여 주지는 않았다. 이에 대응해 멜란히톤은 라틴어로 《아우크스부르크 신앙고백 변증서》를 작성했으나 황제는 9월 22일, 이를 받아들이지 않았고, 개신교도들에게 《반박서》를 수용할 것을 요구했다. 가톨릭의 다수파는 보름스 칙령이 옳다고 주장하며 1년 안에 공의회를 열기로 약속했고 개신교 의원들은 다시 이의를 제기하며 제국의회를 떠났다. 11월 19일 제국의회는 《아우크스부르크 신앙고백》을 반박하기로 결의한다.

당시 배후에서는 사적 혹은 공적으로 회담과 협상이 이뤄지고 있었다. 여기서 멜란히톤은 신학적 통합을 꾀할 기회를 찾으려 했다. 제후와 신학자 양 측이 타협하려는 공식 위원회 협의가 8월에 열렸다. 교회 갈등이 계속될 경우, 언제일지는 모르지만 전쟁이 일어날 것이라는 사실은 불을 보듯 뻔했다.

또다시 구교도를 위해 싸움의 전면에 선 요하네스 에크는 칭의론 토론에서 '오직 믿음에 따라'를 인정하지 않으려 했다. 칭의는 '은총과 믿음'의 결과라는 데는 누구도 불만이 없었다. 양측 모두 동의한 것이다. 그러나 은총에는 여러 가지가 얽혀 있다.

에크는 은총이 인간에게 새로운 속성habitus을 주고, 이 속성이 인간으로 하여금 사랑하도록 만든다고 주장했다. 이 사랑의 행위는 가톨릭의 이해에 따르면 칭의에 속한다. 이에 반해 멜란히톤은 은총은 성령의 활동이며, 성령의 활동이 의로운 믿음을 만들어 낸다고 주장했다. 두 주장은 억지로 찾아 낸 타협적 표현일 뿐, 내용상으로는 서로 일치하는 바가 없었다.

칭의론 표현에 있어 이렇듯 일부 성과는 있었다. 그리고 멜란히톤은 주교의 판결을 승인할 준비가 되어 있었다. 이는 루터와 약속한 사안이었다. 또한 구교도들이 평신도들에게 성찬식 포도주 분배를 반대하는 것이나, 사적인 미사를 계속하는 것 모두 감내하려고 했다. 그러나 그럼에도 대화는 성과가 없었다. 구교도들은 미사도, 사제의 결혼도 양보할 생각이 없었다. 개신교 진영 역시 구교도에게 어느 정도 맞추어야 할지 의견의 일치를 보지 못했다. 멜란히톤은 광범위한 부분에서의 화해를 추구했던 반면, 뉘른베르크 시의원들과 신학자들을 중심으로 한 무리는 강경 노선을 추구하였고, 결국 프로테스탄트 진영은 분열되었다.

코부르크 성에 머물던 루터는 이 사건에 적극 개입했다. 그는 아우크스부르크로 편지를 띄웠고, 멜란히톤의 기운을 돋우고 격려하며 제대로 된 방향을 제시하고자 했다. 이미 4월 말에 공통의 협상노선이 결정되었는데 루터는 멜란히톤이 아우크스부르크에서 이룬 업적에 대단히 만족했고,《아우크스부르크 신앙고백》역시 그러했다. 루터는 자신이었다면 멜란히톤처럼 중재해 내지 못했을 것임을 알았다. 이러한 맥락에서 루터는 자신이라면 '그렇게 눈에 띄지 않게 처신하지는nicht so leise treten' 못했을 것이라고 멜란히톤에게 썼다. 그를 인정하는 의미였으나 이 말이 훗날 날조되어, 마치 비굴한 자Leisetreter[4], 즉 진정한 신앙고백자가 아니라고 말했다는 의미로 와전되었다.

종교개혁 시기의 가장 중요한 사건 중 하나인 아우크스부르크 제국의회는 많은 일화와 전설에 휩싸였다. 멜란히톤이 성찬식의 요소에 대한 구교식의 경배와 찬양에 반박하는 논증을 펼치자 에크는 이를 반증하지 못했다. 멜란히톤은 훗날, 이때 자신이 에크를 얼마나 밀어붙였는지 이야기한 적이 있다. 에크는 제대로 반박하지 못한 탓에 화가 머리끝까지 나서 그날 저녁 코가 비뚤어지도록 술을 마셨고, 병까지 났다고 했다.

《아우크스부르크 신앙고백》은 특별한 작성 배경에도 불구하고 루터 교리의 공식적 상징이자 루터파의 주요 신앙고백으로 인정되었다. 1555년에는 아우크스부르크 종교 평화 조약의 근간이 되었고, 1580년에는 《일치 신조서》의 일부가 되었다. 루터파 신학자들은 개신교 교리를 더 명확히 설명하고 싶었는지도 모른다. 그럼에도 문체는 유보적이었다. 《아우크스부르크 신앙고백》은 이미 16세기에 또 19세기 교회 연합이 세워질 때에야 비로소 개혁 교회로 향하는 다리로 사용되었다. 그리고 최근에는 로마가톨릭교회와 신학적으로 화해하는 다리라는 것이 입증

《아우크스부르크 신앙고백》의 표지

1526년 슈파이어 제국의회로 개신교도는 종교개혁에 큰 힘을 받았으나 1529년 슈파이어 제국의회의 결정으로 그 기세가 꺾인다. 1530년 6월 25일에 열린 아우크스부르크 제국의회에서 멜란히톤은 자신들의 신앙이 구교도도 인정하는 신앙의 기반 위에 서 있음을 강조한다. 이 문서는 이후 다른 신앙고백에도 영향을 미쳤고 20세기 들어 가톨릭교회도 이 고백을 인정한 바 있다. 작자 미상의 위 그림은 1531년 판의 표지이다.

되었다. 1980년대에 와서는 지도적 위치의 가톨릭 신학 교수들, 특히 튀빙겐 대학 신학 교수였고 현재 '그리스도교도 통합 추구를 위한 교황청 심의회' 의장인 발터 카스퍼 추기경은《아우크스부르크 신앙고백》을 가톨릭에서 인정할 것인가 토의한 뒤, 이 신앙고백은 가톨릭이 인정할 수 있는 입장들을 표명한다고 선포했다. 멜란히톤이 1530년에 원했던 것이 수백 년이 지난 뒤에 이뤄진 것이다.

그러나 1530년 당시 제국의회는 실패했고 독일 땅에는 종교전쟁이자 시민전쟁이 될 싸움이 다가오고 있었다.

세속정부에 복종하라?

이미 1520년대에 믿음의 분쟁은 종교전쟁으로 바뀌었다. 멜란히톤은 늘 전쟁을 예상하고 있었다. 근거 없는 생각은 아니었다.

구교도나 신교도는 이미 1520년대에 자신의 진영 내에서 연합하고 동맹을 맺었다. 1524년, 레겐스부르크에서는 보름스 칙령을 관철시키려는 동맹이 결성되었고, 여기에 바이에른, 잘츠부르크, 여러 주교구와 페르디난트 대공이 동참했다. 1525년, 데사우에서는 게오르크 폰 작센, 요아힘 폰 브란덴부르크, 알브레히트 폰 마인츠, 브라운슈바이크의 여러 대공들이 동일한 목적으로 동맹을 맺었다. 1526년 초, 개신교 선제후들이 고타 동맹으로 단결했다. 그중에는 선제후 요한 폰 작센과 필리프 폰 헤센도 있었다. 같은 해 토르가우에서는 헤센과 선제후령 작센이 뤼네부르크, 메클렌부르크, 안할트, 만스펠트, 마그데부르크와 연합했다. 1529년 슈파이어 제국의회 이후 선제후국 작센과 헤센이 몇몇 도시들과 비밀 동맹을 맺었다. 아우크스부르크 제국의회가, 어쩌면 제국의회의 실패가 막강한 군사력을 가진 거대 동맹을 형성하도록 만들었는지도 모른다.

이미 1530년 12월 말에 개신교 진영은 방어 동맹을 논의했고, 1531년 2월에 동맹을 체결했다. 회원은 남독일 제국 도시들이었다. 그러나 뉘른베르크와 브란덴부르크 안스바하는 여기에 가담하지 않았다. 신앙고백의 토대는 《아우크스부르크 신앙고백》이었고, 처음에는 《4개 도시 신앙고백》도 그 기초로 삼았다. 여덟 명의 제후와 열한 도시가 연합했다. 선제후령 작센, 헤센, 공국 브라운슈바이크-뤼네부르크, 공국 브라운슈바이크-그루벤하겐, 제후국 안할트-베른부르크, 백작령 만스펠트, 스트라스부르, 울름, 콘스탄츠, 로이틀링엔, 메밍엔, 린다우, 비버라흐, 이즈니, 뤼벡, 마그데부르크, 브레멘의 동맹이었다. 이후에는 브라운슈바이크, 괴팅엔, 에스링엔, 고스라르와 아인베크도 가입했다.

슈말칼덴에서 수차례 토의가 이뤄졌기 때문에 이 동맹은 슈말칼덴 동맹이라 불렸다. 이 도시는 오늘날에는 튀링겐에 속하지만, 당시에는 방백령 헤센에 속했다. 그러나 선제후령 작센에 인접해 있었는데 헤센과 선제후령 작센은 종교개혁의 중심이었다. 타 국가들이 조언을 구하기 위해 이 두 강대국 사이의 도시에서 만나는 것은 자연스러운 일이었다. 따라서 이 도시의 이름은 프로테스탄트 군사 동맹에, 또 훗날 이곳에서 작성된 신앙고백에, 그리고 더 시간이 흐른 뒤에는 이 동맹으로 결집된 프로테스탄트를 상대로 황제가 일으킨 전쟁에도 사용되었다.

헤센과 스트라스부르는 어쩌면 스위스인들(취리히, 베른, 바젤)도 동맹에 가담시키고 싶었을지 모른다. 그러나 츠빙글리와 그의 추종자들은 《4개 도시 신앙고백》을 인정할 준비가 되어 있지 않았다. 《아우크스부르크 신앙고백》은 말할 나위도 없었다. 스위스 동맹 안에는 그들 나름의 종교개혁의 지류가 자리 잡고 있어 비텐베르크에 종속되려 하지 않았다. 훗날 이러한 기반 위에 독립적인 기독교 교회가 성립되었다. 그런데 이 교회는 츠빙글리의 이름을 따지 않고, '개혁reformiert' 교회 혹은 훗날 강한 영향력을 행사한 제네바의 종교개혁가 장 칼뱅 때문에 '칼뱅' 교회라 이름 붙여졌다. 모든 개신교 교회는 '종교개혁reformatorisch' 교회다. 그러나 스위스 종교개혁에서 유래된 교회들만이 '개혁'이라는 이름을 갖는다. 전 세계적으로 칼뱅파가 루터파보다 훨씬 더 힘이 있는 것 같다.

비텐베르크 사람들은 정치적 동맹 관계 때문에 성찬식 문제에서 스트라스부르와 동일한 의견을 가지려고 했다. 1534년 12월, 멜란히톤과 스트라스부르의 종교개혁가 마르틴 부처가 카셀에서 만났다. 1536년에는 스트라스부르의 신학자들이 비텐베르크로 왔다. 《비텐베르크 협약Wittenberger Konkordie》에는 멜란히톤이 초안을 잡은 타협안이 확정되어 있다. 성찬식의 빵을 그리스도의 몸과 관련시켜 표현하기 위해 사람들은 '성찬식의 통일unio sacramentalis'이라 했고, '실체적 통일unio substantialis'이라는 말을 쓰지 않았다. 더 나아가 성체를 받아들이는 믿음의 중요성을 다루기 위해 '자격 없는 자들의 성찬식 참여manducatio indignorum'를 주장하며, 더 이상 '불신자impiorum'의 성찬식 참여라는 말을 쓰지 않았다. 훗날 멜란히톤은 이 새로운 용어를《아우크스부르크 신앙고백》을 개정할 때 사용했다.

슈말칼덴 동맹은 광범위한 반反합스부르크[1] 연합을 결성하기 위해 영국, 프랑스, 덴마크와도 동맹을 맺으려 했다. 슈말칼덴 동맹국들은 교황과 가톨릭 국가인 바이에른의 호응을 얻기까지 했다.

개신교 동맹이 거둔 첫 번째 성공은 1532년의 일명 뉘른베르크 휴전이었다. 이 협정은 프로테스탄트 측에 다음 공의회까지 평화를 보장했다. 보름스에서 확정된 노선에서 처음 공식적으로 벗어난 것이다. 두 번째 성공은 울리히 공작[2]이 무력을 써 뷔르템베르크에 귀환한 것이며, 1534년 뷔르템베르크가 종교개혁과 연결된 것이다. 슈말칼덴 동맹은 개신교도들의 방어 동맹이었다. 그러나 개신교 교리 추종자들이 군사적 수단으로 자신을 방어해도 되는지, 자신들의 세속 정부인 황제에 대항해 병력을 사용해도 되는지 질문이 생겼다.

루터와 멜란히톤은 세속 정부에 복종하라고 항상 엄히 가르쳤다. 일반적으로 신하 즉 소박한 민중이 제후나 지역의 군주및 도시 의원과 어떻게 관계할 것인지를 염두에 둔 가르침이었다. 그런데 이제 질문 자체가 바뀌었다. 군주가 황제에게 복종해야만 하는가? 예를 들어 보름스 칙령 같은 제국법을 따라야 하는가? 만일 황제가 개신교 제후들에 맞서 전쟁을 일으키면 황제에게 맞서도 될까? 황제가 먼저 공격할 것이 분명하다면 예방전

차원에서 먼저 공격해도 될까? 이런 질문이 생긴 것이다.

　　이것은 중대한 정치적, 법적, 신학적, 윤리적 질문이었다. 정부에 대한 복종의 문제이자 특정 상황에서 그리스도인이 전쟁과 살인을 해도 정당하느냐의 문제였다.

　　츠빙글리는 이미 1520년대에 거리낌 없이 무기를 들라고 했다. 그는 모든 수단, 심지어 무력을 동원하더라도 종교개혁을 완성하려고 했다. 츠빙글리는 전쟁을 일으켰고 전장에서 숨을 거두었다. 1531년, 카펠 암 알비스 파스 전투에서 쓰러진 것이다. 이와 반대로 루터와 멜란히톤은 1530년 3월, 아우크스부르크 제국의회 초반, 황제에 대항하는 제후들의 저항권에 아직은 동의하지 않았다. 수동적인 저항은 허락했으며, 각자 신앙고백을 하고 고통을 감내할 것을 요구했다. 하나님의 법은 복종을 요구한다는 이유였다. 복음에 따라 살고자 하면 누구도 자신의 일의 심판관이 되어서는 안 되며, 황제에 대한 저항은 혼란을 야기할 것이라 생각했다. 그러나 이미 1530년 10월, 신학자들은 법학자들에게 확인을 요구했고 그들의 이전의 학설을 철회하였다. 저항은 갑작스레 당연한 것이 되었고 군비 확장이 비준되었다. 슈말칼덴 동맹 창설을 멜란히톤은 적극 찬성하였다. 1530년 말, 저항의 권리뿐 아니라 저항의 의무까지도 논의가 되었다. 1530, 40년대 수많은 전문가들이 평가서를 통해 이 주제를 다루었다. 그리고 대부분의 비텐베르크 신학자들은 여기에 서명했다.

　　저항권을 논증하기 위해 다음과 같은 근거가 제시되었다.

첫째, 정부는 자신들의 신하를 보호해야 한다. 그들이 투르크인이건 도둑 기사이건, 황제를 공격했건 상관없다. 이는 사랑의 계명이다.

둘째, 황제는 선출된 정부, 임무에 얽매인 정부이다. 만일 황제가 종교 문제 때문에 제국의 제후들을 공격한다면 그는 정부가 아니라 사적인 인간으로 행동하는 것이며 자신의 직책을 악용하는 것이다.

종교개혁은 비폭력 운동, 그저 말과 논증에 의존하는 운동이 아니었다. 이 운동은 책을 불태우고, 사람을 죽이는 것도 꺼리지 않았다. 루터는 이미 1520년에 자신의 가장 큰 적대자 즉 교황을 가리켜 폭력적으로 도발했다. "우리 정당하게 도둑들의 목을 매답시다. 강도들의 머리를 벱시다. 왜 우리가 로마의 곁가지, 가장 큰 도둑이자 강도인 그를 자유롭게 놓아두어야만 합니까?"

멜란히톤은 이렇게까지 말하지는 않았다. 그러나 1539년 3월, 프랑크푸르트 암 마인에서 그는 슈말칼덴 동맹 연방 의회 때의 꿈을 꾸었다. 이 꿈은 많은 생각을 하게 만들었다. 그는 십자가에 매달린 예수의 그림을 보았다. 아주 훌륭한 그림이었다. 그리스도 주변에는 흰 옷 입은 사람들이 무리 지어 있었다. 선제후들이 공식 관복과 하얀 옷을 입고 그쪽으로 다가간다. 또 당나귀가 한 마리 있었는데, 미사를 집전하는 사제처럼 아마포로 된 망토와 성직자 모자를 쓰고 있었다. 당나귀는 구원의 사건이 일어나는 곳으로 향했고, 황제와 교황을 한 줄에 묶어 자기 뒤에 끌고 갔다. 멜란히톤과 그의 동반자 프리드리히 미코니우스는 이 길몽을 비텐베르크에 보고했다. 루터는 기뻐했고 이 꿈이 실현되기를 바랐다. 그러나 황제건 교황이건 그렇게 간단히 묶을 수는 없었다.

개신교 교황을 제안하다

교황이라는 인물과 그 직분에 관한 토론은 종교개혁의 중심 논제였으며 1519년 라이프치히 논쟁에서 거론되었다. 루터는 시간이 지나면서 교황은 적그리스도이자, 성경^(막 13:22)에 예언된, 교회를 내부에서부터 분열시키는 마지막 때의 사탄이라고 생각했고, 그 때문에 로마와 논쟁을 피할 수 없었다.

1536년, 교황 바오로 3세는 1537년 5월에 공의회가 열린다고 선포했으며 회의 장소로 만투아를 지목했다. 아량이 넓은 요한 프리드리히는 루터에게 임무를 부여했다. 복음적인 것 아래에서 모두가 하나로 뭉치고, 그것에서 절대 벗어나지 않으며, 토론할 수 있는 글을 쓰도록 한 것이다. 루터는 긴 글을 썼고, 이를 자신의 신학적 유언이라 여겼다. 왜냐하면 집필하는 동안 그는 병이 들었고 그것도 죽을병이라 예상했기 때문이었다. 루터의 글은 비텐베르크에서 팽팽한 대립을 불러일으켰다. 루터는 1537년 2월, 슈말칼덴 제국의회에 이 글을 제출했다.

루터는 교황직도 다루었다. 교황이 아니라 오직 예수 그리스도만이 '모든 기독교인의 머리'이다. 교황은 단지 '로마에 있는 교회의 주교 혹은 주임 신부'일 뿐이다. 사탄이 교황직을 만들었고,

교황은 적그리스도이며, 그는 투르크인들보다 더 나쁘다. 기독교인은 오랫동안 교황 없이 살아왔고 지금도 교황은 필요 없다. 교황에게 순종하느니 죽는 게 나을 것이라고 루터는 주장했다.

루터가 쓴 글에 멜란히톤을 포함해 마흔세 명이 서명했다. 그러나 멜란히톤은 다음과 같은 유보 조항을 달았다. "나, 필리푸스 멜란히톤은 이 …… 조항 역시 정당하고 기독교적이라고 생각한다. 그러나 교황에 대해서는 이렇게 생각한다. 만일 교황이 복음을 허락하고자 했더라면, 그의 지배 아래 있고 미래에도 그렇게 있고 싶은 기독교인들의 평화와 공통적 의견 일치를 위해, 우리는 인간의 법칙에 따라 교황이 소유한 주교 위의 우월권을 허용하고 줄 수 있었을 것이다." 멜란히톤은 당시 개신교 교황을 제안하기도 했으나 물론 실현되지 않았다. 알려진 바에 따르면 루터는 멜란히톤의 의견을 암묵적으로 수용했으나 선제후는 분노했다고 한다.

멜란히톤은 평화와 의견 일치를 위해 양보하는 인물이었다. 평화와 의견 일치가 목적 자체는 아니며 이것은 오직 복음 전도를 위해서만 사용된다고 생각했다. 평화는 방해받지 않고 복음을 전파하기 위한 전제 조건이었다. 멜란히톤이 교황의 수위권 즉 주교에 대한 교황의 통치권을 구교에서만 인정하려고 했는지, 아니면 주교가 없는 종교개혁 교회 내에서도 인정하려고 했는지는 불분명하다.

루터의 글은 슈말칼덴 제국의회에서 공식적으로 통과되지

는 못했지만 《아우크스부르크 신앙고백》을 재삼 확인했다. 이 조항들은 동맹국의 신앙고백은 아니었다. 그럼에도 이것들은 훗날 《슈말칼덴 조항Schmalkaldischer Artikel》이라는 오도된 명칭으로 개신교 신앙고백서 모음집에 수록되었다.

멜란히톤은 루터의 신앙고백에 대해 앞에서와 같이 유보적인 의견을 달았다. 그러나 그해에 그가 교황직을 두고 발언한 것은 그뿐만이 아니었다. 멜란히톤은 슈말칼덴에 모인 사람들에게 《교황의 권력과 직권에 관한 논의》라는 글을 제시했다. 이 글은 공식적으로 결의되었고 《아우크스부르크 신앙고백》을 보충하는 것으로서 받아들여졌으며 오늘날에도 루터 교회의 신앙고백서이다.

이 글은 두 부분으로 나뉘어 있다. 첫째 부분은 교황을, 두 번째 부분은 주교를 다룬다. 교황에게는 세 가지 지위가 있는데 첫째, 교황은 모든 주교와 사제들의 최상위자이다. 둘째, 교황은 또한 세상의 권세이다. 셋째, 천국의 지복을 위해서는 이를 반드시 믿어야 한다. 그러나 멜란히톤은 이런 지위는 잘못되었고, 하나님을 부정하며, 전제적이라고 거부했다. 멜란히톤의 글은 아주 신랄했다. 그는 루터와 마찬가지로 이러한 지위를 대변하는 교황을 적그리스도로 규정했다.

주교와 목사의 차이는 단지 인간적인 규범에서 기인한다고 멜란히톤은 썼다. 만일 주교가 올바른 설교자 서품을 거부한다면, 모든 교회와 신도는 자체적으로 서품을 줄 권리가 있다고 했다. 그리고 주교들의 재판권은 부분적으로는 목사의 관할이며, 부분적으로는 세상 정부 관할이라고 주장했다.

멜란히톤은 확신이 있었고 루터에게 맞서기도 했다. 그의 가장 고결한 특성은 대화와 타협을 위한 준비였다. 슈말칼덴 제국의회가 끝나고 몇 해가 지나자 또다시 그의 능력을 발휘할 때가 왔다.

황제가 주선한 종교회담

1540년대에 구교도와 신교도 사이에 수차례 종교 회담이 열렸고, 평화적 타협을 위한 진지한 시도가 이뤄졌다. 배경에는 황제가 있었다. 그랑벨라라 불리는 제국 수상 니콜라스 드 그랑벨이 회담을 추진했다. 아직 회담이 성사되지는 않았지만, 인본주의적 성향과 일치하는 방식이었다. 독일 안에서 교회의 통일을 유지하거나 다시 이뤄 내려는 최초이자 최후의 진지한 시도였다.

브란덴부르크의 선제후 요아힘 2세와 오스트리아 대공 페르디난트, 황제 카를 5세, 교황 바오로 3세는 이러한 평화로운 화해를 시도했다. 1539년 4월, 프랑크푸르트 암 마인에서 황제의 대리인들도 참가한 가운데 슈말칼덴 동맹국들의 연방의회가 열렸고, 프랑크푸르트 협정이 조인됨으로써 화해의 첫 걸음이 시작되었다. 이 협정은 프로테스탄트에게 일정 기간 동안 종교 평화를 보장해 주었고 이로써 대화의 길이 평탄하게 다져졌다.

멜란히톤은 책임감 있게 이 회담에 응할 준비를 하고 있었다. 그러나 탐탁해하지는 않았다. 이러한 시도를 적극 찬성한 사람은 마르틴 부처였다. 그는 개신교 측이 양보하여 구교도들 중에서 개혁에 기꺼이 동조하는 사람들을 얻는 데 관심이 있었다.

하나님의 말씀이 계속 변화 가운데 영향을 끼치고 말씀의 본질이 행해지기를 그는 바라고 있었다.

1540년 7월, 알자스에 있는 도시 하게나우[1]에서 첫 회담이 개최되었다. 회담장으로 향하던 노중에 멜란히톤은 병에 걸려 참석할 수 없었고 부처는 너무 늦게 도착했다. 하게나우 협상은 무엇을 토론해야 하며 어떤 신학적 척도에 따라야 하는가하는 질문에서 이미 실패했다.

두 번째 회담을 위해 1540/1541년 겨울, 신학자들이 보름스에 모였다. 원래는 슈파이어로 예정되었으나, 전염병이 창궐한 탓에 보름스로 옮긴 것이다. 멜란히톤은 이 회담에 참석했다. 맞수들은 우선 방법론을 놓고 오랫동안 논쟁을 벌였다. 1541년 1월에야 비로소 본론에 진입했는데 이 회담을 위해 멜란히톤이 수정한《아우크스부르크 신앙고백 수정판Confessio Augustana variata》을 기반으로, 에크와 멜란히톤은 원죄에 관해 사흘 동안 논쟁을 벌였다. 그 후 토론회는 구교도들 간의 불화로 인해 돌연 중단되었고, 아무 결론 없이 레겐스부르크에서 열릴 다음 제국의회까지 연기되었다.

그러나 보름스에서는 이 공식적인 협상 외에 비공식적 협상이 있었다. 필리프 폰 헤센만이 알고 있던 비밀 협상에서 그랑벨라의 권유로 부처와 스트라스부르 출신의 카피토[2], 쾰른 출신의 개혁신학자 요하네스 그로퍼[3]와 그랑벨라의 비서 헤라르트 벨트베이크Gerard Veltwijck가《보름스 책자Wormser Buch》라 불리는 광범위한 문서 작업에 착수했다. 이 책자는 23개 항목에서 칭의론, 교회, 성사, 의식, 교회의 규율을 다루었으며, 성서 및 교회 전통에 근거하여 타협안을 작성하였다. 구교와 신교 양측이 이를 인정했고 일부 항목에서 이견이 있음을 확인했다. 이 책자는 통합 신앙고백서로 가는 전 단계로서, 레겐스부르크 협상의 토대를 만들기 위해 황제의 제안으로 작성된 것이다.

비밀 협상에 참여하지 않았던 멜란히톤은 브란덴부르크 선제후를 통해 원고를 볼 수 있었다. 그는 이 문서를 거부하면서 유토피아요 '하이에나'라고 표현했다. 멜란히톤은 소름이 끼치는 괴물의 형상을 꿈에서 보았다. 얼굴은 처녀이고 불같이 이글거리는 눈을 가진 하이에나였다. 이 형상은 《보름스 책자》를 빗댄 것이다. 루터 역시 책자를 거부하면서 이 글을 쓴 자는 악마일 것이라 했다. 결국 이 책자는 처리되지 못했다.

1541년 4월, 계획대로 레겐스부르크에서 세 번째 회담이 열렸다. 황제가 직접 참석하여 회의 방식에 큰 영향을 끼쳤다. 특히 에크, 그로페, 멜란히톤, 부처, 나아가 나움부르크의 주교이자 개혁자였던 율리우스 폰 플룩[4], 헤센의 주요 신학자인 요한 피스토리우스가 재차 이 회담에 참석했다. 멜란히톤은 마지못해 참석했다. 이 일은 꿈속까지 따라와 악몽을 꾸게 만들었다.

레겐스부르크 협상의 기본은 《보름스 책자》였다. 인류학과 원죄설에 관한 논의는 아무 문제 없이 진행되었다. 칭의론 문제에서 에크와 멜란히톤은 공동 토론을 통해 새로운 협상안을 완

요하네스 에크의 초상화

로마가톨릭 신학자로 종교개혁자들에 맞서 구교의 입장을 변호한 대표적 인물이다. 루터와 친분이 있었던 그는 1519년 라이프치히 논쟁에서 교황권의 기원을 놓고 루터와 다투었으며, 루터가 파문을 당하는 데도 큰 영향을 미친다.

성했으나 이 안은 로마 교황청으로부터 거부당했다. 반대로 루터는 약간의 의구심은 있으나 이 제안은 받아들일 만하다고 인정했으며 구교도들에게는 그들의 이전 교리를 분명히 비판하라고 요구했다. 공의회의 무오류, 성사 특히 성찬식(특히 화체설)과 고해(모든 죄의 열거)에 관한 논의가 진행되었지만 아무 소득도 없었다. 6월, 황제는 이제 《레겐스부르크 책자Regensburger Buch》로 불리는 개정된 《보름스 책자》를 신분 대표 회의에 제시했다. 7월에는 가톨릭 측이 그리고 나중에는 개신교 측이 이를 거부했다. 몇 달간 격렬한 토론을 벌였으나 회담은 결렬되었다. 멜란히톤은 1541년 8월 초 집으로 돌아갔고, 부처는 매우 낙담했고 좌절했다. 그러나 회담이 진행되는 동안 그는 '적대자들' 역시 진지하게 받아들일 기독교 교우라는 사실은 인정했다.

레겐스부르크 제국의회는 전반적으로 프로테스탄트에게 훨씬 긍정적인 결과로 보인다. 로마가 관여하는 보편 공의회를 개최할 수 없을 경우, 국가 차원의 공의회를 열 수 있었기 때문이다. 개신교도는 지방 영주의 지배를 받는 성당과 수도원들의 '기독교적 종교개혁christliche Reformation'을 인정했다.

그 외 큰 의미는 없는 회담이 1544년 슈파이어, 1545년 보름스 그리고 1546년 다시 레겐스부르크에서 이어졌다. 그러나 황제는 더 이상 깊이 개입하지 않았다. 종교 문제를 또다시 군사적으로 해결할 계획이었기 때문이다.

칭의론에 관한 레겐스부르크 협상은 한 번 더 생각할 가치가 있었다. 《보름스 책자》는 칭의론에 대해 두 가지 의견을 제시했다. 첫째, 칭의는 행위 없이, 예수의 공로를 기반으로, 믿음을 통해 일어나며, 둘째, 그와 동시에 하나님의 도움으로 믿음과 사랑에서 나온 행위를 통해 일어난다는 것이다. 칭의에 관한 첫 번째 관점은 새 인간으로 거듭남, 둘째 관점은 성화聖化로 불렸다. 그러나 성화는 늘 완전하지 못하며 인간은 그리스도의 공로를 온전히 의지해야 한다고 했다. 이러한 교리에 대해 멜란히톤도 에크도 동의하지 않았다. 레겐스부르크 타협안은 전반적으로 개신교적이었다. '오직 믿음에 따라'까지도 언급되었다. 타협안은 칭의 사건에서 성령의 개입을 강조했다. 성령을 통해 믿음과 함께 사랑이 부어지며, 사랑은 인간의 부패한 의지를 치료하고, 인간이 율법을 지킬 수 있도록 만든다 했다. 이로써 인간의 실제적인 변화와 외부로 드러나는 사랑의 행위 등 가톨릭의 관심사는 유지되었다. 그러나 믿는 자는 자기 자신과 자신 안의 칭의를 바라봄이 아니라, 거저 받은 칭의 즉 그리스도를 바라봄으로써 구원의 확신을 얻는다 했다. 따라서 구원의 확신에 대한 개신교적 관심사와 개신교도에게 중요한 '구원은 외부 즉 그리스도로부터 온다extra nos'도 유지되었다. 선행은 보상받을 것이고, 많은 선행을 한 사람은 그저 적은 선행만 입증할 수 있는 사람보다 복되다고 했다.

레겐스부르크에서 있었던 칭의에 관련된 타협은 결렬 후 450년이 지난 뒤에 다시 활성화되었다. 1997년, 멜란히톤 탄생

500주년 때 수년간의 협의의 결실로서 〈칭의론에 관한 의견일치 선포Konsenserklärung zur Rechtfertigungslehre〉 초안이 제시되었다. 이 초안은 루터파 신학자와 로마 신학자들이 공동 심의한 것이다. 루터파 세계연맹과 바티칸의 통일협의회가 협상을 했다. 이 성명은 루터파와 가톨릭 교도가 이제 '칭의론의 믿음 내용에 관한 공통의 이해를 지지하고 표현할' 준비가 되어 있다고 주장했다. 이 문서는 칭의에 관한 성서의 진술에서 출발하며, 수많은 성서 구절을 근거로 작성되었다. "칭의란 죄 사함이며, 죄악과 죽음의 지배적인 권세 및 율법의 족쇄로부터의 해방이며, 하나님과 함께하는 공동체로 들어가는 것이다. 그것도 지금 이미, 하지만 완벽하게 하나님의 미래의 왕국으로 들어가는 것이다. …… 이 모든 것은 오직 그리스도로 인해 믿음을 통한 은총에서 하나님으로부터 나온 것이다. 의로운 자들은 사랑 안에서 역사하는 믿음으로 살며, 성령의 열매를 가져온다." 고백을 계속 들어보자. "우리의 공로의 기반이 아니라, 오직 은총으로 그리고 구원하시는 그리스도에 대한 믿음으로, 우리는 하나님께 받아들여지며 성령을 받는다. 성령은 우리의 마음을 새롭게 하고 선을 행하도록 우리에게 능력을 주며 우리를 불러 깨운다."

그러나 이후 역사는 반복되는 것처럼 보였다. 1541년, 멜란히톤의 타협안이 격렬한 반대에 부딪혔던 것처럼, 1997년의 합의서 역시 그러한 반대에 부딪혔다. 특히 독일의 개신교 신학 교수들이 반대했다. 그럼에도 책임 있는 두 상임위원 대표가 〈공통의 공식적 확인Gemeinsame offizielle Feststellung〉이라는 제목을 붙인 문서에 1999년 서명했다. 특이하게도 서명 날짜는 10월 31일, 장소는 아우크스부르크였다.

옛 제국의 도시이자 주교의 도시인 아우크스부르크는 종교개혁 시대에 수차례 큰 사건의 무대가 되었다. 루터파나 가톨릭 모두 이 도시에서 편안함을 느꼈다. 이 도시는 가톨릭 신자와 개신교 신자로 구성되었다. 주교들은 종교개혁을 받아들이지 않았으나 아주 드물게 종교개혁을 지지하는 주교들이 있었다. 쾰른과 오스나브뤼크의 주교들이 그러했다.

쾰른, 오스나브뤼크

하게나우, 보름스, 레겐스부르크에서 멜란히톤과 부처는 그로퍼와 관계를 돈독히 했다. 이는 1542년, 다른 지역에도 영향을 끼쳤다. 바로 쾰른의 대주교이자 제국 최고 권력자 중의 하나인 선제후 헤르만 폰 비트[1]가 주교로서는 제국 최초로 종교개혁을 지지한 것이다.

헤르만 폰 비트는 원래 철저한 루터 반대자였다. 1529년에는 두 명의 프로테스탄트를 처형하기도 했다. 그중에는 베젤에서 라틴어 교사를 했던 아돌프 클라렌바흐[2]도 있었다. 그러나 선제후는 로마 교황청과도 불편한 관계가 있었다. 내면의 투쟁과 성서 읽기, 《아우크스부르크 신앙고백》에 몰두하면서 그는 점차 방향을 전환했다. 뿐만 아니라 헤르만 옆에는 개신교에 호의적인 조언자, 페터 메트만[3]이 있었다. 메트만은 비텐베르크 대학을 다녔고 멜란히톤의 제자였다. 그러나 헤르만 폰 비트가 종교개혁으로 전향한 결정적 이유는 공의회 개최와 교회 개혁을 요구한 1541년 레겐스부르크 제국의회였다.

부처는 하게나우에서 대주교와 개인적 친분을 쌓았고, 1542년 2월 대주교는 코텐포르스트 산림 지역의 부시호펜에 있는 수렵용 저택에 부처를 초대했다. 부처 및 그로퍼와 개혁 조치를 상의하기 위해서였다. 부처는 이 쾰른 대주교의 계획에 열광했고 곧바로 멜란히톤을 끌어들였다.

멜란히톤은 1543년, 상당 기간 본에 머물며 처음으로 구교의 신심 실천에 관해 강력한 인상들을 수집했다. 그는 "민중의 모든 예배의 본질은 입상立像 경배였습니다!"라고 놀라움을 담아 비텐베르크에 편지를 띄웠다. 그는 부처와 함께 쾰른을 위해 교회 규정, 즉《쾰른 종교개혁Kölnische Reformation》을 작성했다. 삼위일체, 창조, 칭의, 교회와 회개에 관한 부분은 멜란히톤이 썼다. 이로써 또다시 여러 가지 가능성을 모두 놓친 상황에 처하게 되었다. 이 규정은 구교도들에게는 너무 개신교적이었고, 루터파에게는 너무 가톨릭적이었다. 부처와 멜란히톤은 우선 쾰른에서 성서 원리와 개신교 설교를 관철해 보고, 실천이 어려울 경우에는 지금까지 내려온 교회 제도를 인정하자는 의견에 도달했다.

주교좌 성당 참사회는 종교개혁 계획을 강하게 거부했다. 그로퍼도 입장을 바꿨다. 개혁이 과도하게 진행된다고 생각했기 때문이었다. 1543년 7월, 쾰른에서는 성찬식이 개신교적으로, 즉 포도주와 빵으로 진행됐다. 1544년 대주교는 교황과 관계를 끊겠다고 선포했다. 이에 대응해 황제는 대주교에게서 정치적 권력을 빼앗겠다고 협박했으며, 개혁을 중지하라고 단호하게 요구했다. 로마는 1546년, 대주교를 파문하고 해임시켰다. 이에 대해 헤르만 폰 비트는 공의회와 제국의회에 항소했다. 그러나 황제의 특명을 받은 위원들이 1546년 말에 그의 영토에 와서 주의회를 소집하고는 그의 정치적 권력을 박탈했다. 이와 함께 황제의 군대가 근처 공작령 겔더른에 주둔하면서 압박을 가했다. 1547년 1월, 헤르만 폰 비트는 자신의 영지로 돌아갔다. 그리고 1552년 엥어스가우에 있는 조상 대대로 내려온 거주지 비트에서 프로테스탄트로서 사망했다.

이렇게 하여 그로퍼는 반대했고, 부처가 변형을 가하고, 멜란히톤이 동참했던 쾰른의 종교개혁은 실패했다. 도시와 교구는 가톨릭으로 남았다. 부처는 1547년 가을, 공개 서한을 보내 인간이 자신들의 낮음을 알 때 하나님의 권세는 커진다는 성서의 예를 들면서 본에 있는 개신교도들을 위로하고자 했다. 쾰른의 종교개혁은 개신교 진영에서도 별 지지를 받지 못했다. 루터는 전례 신학을 비판했다. 부처가 작성한 성찬식 교리는 특히 루터의 마음에 들지 않았다.

쾰른만큼 극적으로 진행되지는 않았지만 교회사에서 볼 때 오랫동안 영향을 주었다는 점에서 훨씬 중요한 사건들이 같은 시기 오스나브뤼크에서도 발생했다. 이미 1521년, 루터와 동일한 교단 소속의 사제 게르하르트 헤커[4]가 개신교적으로 설교를 시작했을 때 일시적으로 종교개혁이 이곳에 자리를 잡았었다. 이 도시에서 활동한 또 다른 종교개혁가로는 앞서 언급한, 자신의 믿음 때문에 쾰른에서 순교한 아돌프 클라렌바흐(1526년)와 뮌스터 주교구에 있는 베페르게른에서 역시 종교개혁의 순교자가 된 디트리히 부트만(1532년)이 있었다. 이 도시에서의 종교개혁은 1543년이라는 숫자와 헤르만 보누스의 활동에 큰 영향을 받았다. 멜란히톤의 제자인 헤르만 보누스는 오스나브뤼크 근방 크바켄브뤼크 출신으로, 이전에 뤼벡에서 종교개혁을 성공적으로 이뤄 냈다. 오스나브뤼크에는 루터파 교회 규율이 도입되었고 개신교적 설교만 행해졌다. 루터와 멜란히톤은 감격했고 보누스를 격려하는 편지를 보냈다. 뤼벡 시가 보누스를 다시 부르자, 루터는 보누스에게 오스나브뤼크에 남아 줄 것과 종교개혁 의지가 있는 주교 프란츠 폰 발트에크[5]를 떠나지 말 것을 간청했다. 보누스는 특별한 일을 했다. 가톨릭 교회의 성인 숭배를 개신교 형식으로 발전시키려 애썼고 그 구체적 제안들을 출판한 것이다. 오스나브뤼크에서는 성인 추모가 적절한 형태로 계속 행해져야 했다. 시 외곽의 수도원들은 해체되지 않았다.

하제 강가의 이 도시는 모든 것이 순조롭게 진행되는 듯했다. 그러나 1545년, 상황은 벽에 부딪혔다. 프란츠 폰 발트에크가 쾰른에서 벌어지는 위협적인 진전을 걱정스레 관망하고 있었다. 그는 모든 가능성을 타진한 후, 슈말칼덴 연방의회까지 참석했다. 1546년, 오스나브뤼크에서는 종교개혁을 반대하는 구교도의 목소리가 다시 높아졌다. 쾰른의 대주교처럼 프란츠 폰 발트에크 주교도 비난과 파문의 위협을 받았다. 교황이 로마에 출석하라고 요구했으나 주교는 이를 따르지 않았다. 그러나 1548년 5월 12일, 프란츠 폰 발트에크 주교는 모든 종교개혁적 혁신을 공식적으로 철회했다. 이후 다른 종파에서도 비슷한 상황이 발생했다.

대주교 주교구인 오스나브뤼크의 종교개혁은 철저히 진행되지는 못했다. 그러나 파급효과는 적지 않았다. 이 지역에서는 구교와 개신교가 대등한 위치가 되었고, 도시와 시골마다 개신교도와 구교도들이 공존했다. 이후에는 주교를 선출하는 오스나브뤼크 주교좌 성당 참사회 안에도 루터파 신앙을 고백하는 신자들이 생겼다. 그 결과 다수의 개신교 귀족들이 주교로 선출되었다. 1648년, 베스트팔렌 평화조약에서 주교구 통치자를 교대로 승계하도록 함으로써 종파 교체가 원칙이 되었다. 1802년까지 주교들은 루터파와 구교에서 교대로 나왔는데 루터파 주교는 항상 브라운슈바이크 뤼네부르크 가문에서 나왔다.

가톨릭이 탐낸 종교개혁자

많은 사람들이 협상 상대로, 조언자로, 특히 교사와 교수로서 멜란히톤을 탐냈다. 그가 40년 이상 비텐베르크에 머물렀던 것은 당연한 일이 아니었다. 루터는 어쩔 수 없었다. 장소를 바꿀 때마다 위험이 뒤따랐기 때문이었다. 그러나 멜란히톤은 개신교도뿐만 아니라 가톨릭교도로부터도 국내외에서 많은 제안을 받았다. 그를 가톨릭으로 다시 전향시키려는 시도까지도 여러 번 있었다. 1524~1552년까지 구교의 고위 대표자들이 수차례 멜란히톤과 긴밀한 접촉을 가졌고, 종교개혁을 중단시키려 애썼다. 그들은 멜란히톤의 눈치를 보면서, 돈과 연금은 물론 조용하고 외딴 곳에서 학문에 전념할 수 있는 장소까지 제공하겠다는 제안을 했다. 종교개혁 시기에 퍼졌던 소문에 따르면 추기경 자리까지 제안되었다 한다.

이상의 이야기는 멜란히톤과 종교개혁 시기의 다른 인물들이 쓴 편지, 그리고 100년 전부터 비로소 공개된 독일 내 로마 대사관의 보고서들에 근거한다. 그러나 물론 변조되고 날조되었을 수도 있다. 마치 오늘날의 정보기관처럼, 보고자가 자신의 공으로 돌리는 데 급급했기 때문이다.

우선 멜란히톤이 이런 제안을 거절했다는 것은 확실하다. 그는 정중한 어조로 거절하곤 했는데, 자신도 인문주의자였기에 구교 편에 있는 인문주의 학자들을 예를 갖춰 대했다. 하지만 그렇다고 해서 그가 혹시 반종교개혁적인 제안을 수용하려고 진지하게 생각해 본 적은 없을까 추론하면 잘못이다. 물론 파이트 아머바하와 프리드리히 슈타필루스처럼 그의 제자 중에는 가톨릭으로 되돌아간 사람도 있다.

가톨릭 진영에서의 이러한 선제공격은 종교개혁가 멜란히톤이 가톨릭 측에서 어떤 평가를 받았는지 알려 준다. 또한 그의 입장과 행동 방식이 협상의 틈을 열었다는 것도 쉽게 알 수 있다. 이는 구교 진영에도 종교개혁을 염두에 두고, 협상할 준비가 된 세력이 있음을 보여 준다. 이들은 멜란히톤이 자신들의 편이 되면 급진적 종교개혁을 저지할 수 있고, 교회 내부의 개혁이 지지를 받을 것이라 기대했다. 인문주의자 멜란히톤이 파트너가 될 수 있다고 생각했던 사람들은 구교도 중 개혁 의지가 있던 인문주의자들이었다. 멜란히톤이 종교개혁 쪽으로 입장을 바꾼 지 몇 년 지나지 않았을 때 이미 그를 가톨릭으로 끌어들이려는 시도가 있었다.

1524년, 멜란히톤이 비텐베르크로 이주한 뒤 고향 도시 브레텐을 처음 방문했을 때였다. 교황의 사절인 추기경 로렌초 캄페조의 비서 프리드리히 나우제아가 불시에 그를 방문했다. 이 방문은 교회 정치적 배경이 있었다. 1523년에 권력을 잡은 교황

클레멘스 7세는 교회의 분쟁을 봉합하려는 수단을 찾으려 했고, 교황의 사절 히에로니무스 알레안더[1]에게 독일 내 교회 상황에 대한 평가서를 작성하라고 했다. 알레안더는 개인적으로 많은 노력을 기울이는 동시에, 구체적 제안을 통해 종교개혁 추종자들을 가톨릭으로 다시 불러들일 수 있다는 생각을 수차례 알렸다. 나우제아가 멜란히톤을 방문한 것도 이와 관계가 있으며 이것은 알레안더의 생각을 실행에 옮긴 첫 시도였다. 나우제아와 멜란히톤은 브레텐, 즉 그때까지 가톨릭 땅이었던 곳에서 교회의 입장에 대한 전반적 이야기를 나누었다. 멜란히톤의 말을 듣고, 혹시 루터에게서 벗어나려는 마음이 있는지 탐색할 심산이었다. 그는 멜란히톤이 루터를 떠날 경우 멜란히톤에게 유리한 약속을 할 수도 있다고 암시했다.

그러나 멜란히톤은 자신은 진리 그 자체를 위해, 진리라고 인식한 것 때문에 싸울 뿐, 인간을 생각해서, 혹은 이득이나 출세를 위해서가 아님을 못 박았다. 그는 복음의 교리를 알리는 사람들과 절대 결별할 마음이 없다고 했으나 늘 그렇듯 상대를 깎아내리거나 다투지 않고 이 교리를 설명하려 애쓴다고 말했다. 또한 교회 안에서 받은 상처를 치유하고, 또 상처를 내지 말자고 상대에게 경고했다. 며칠 뒤, 멜란히톤은 나우제아에게 임무를 맡긴 사람 즉 교황의 사절 캄페조에게 루터의 교리와 종교개혁의 목적을 써서 보냈다. 이것은 멜란히톤의 내적 입장도 분명히 밝히는 것이었다. 이후에도 캄페조는 에라스무스를 통해 멜란히톤을 회유하려 했으나, 인문주의의 거장은 더 이상 이용당하지 않았다. 멜란히톤을 교황이 지배하는 교회의 품으로 데려오려는 시도는 실패했고, 이러한 시도는 계속되었다.

대화는 실패했지만, 나우제아는 좋은 인상을 받았다. 그는 멜란히톤을 아주 높게 평가했다. 1540년의 편지에서 그는 당시 자신은 멜란히톤의 해박한 지식을 높이 평가했고, 그를 사랑했으며 존경했다고 썼다.

1532–1537년에는 인문주의 성향의 정치 성직자들, 특히 당시 플로츠그의 주교였고 훗날 그네젠의 주교가 된 안드레아스 크리키우스[2] 등이 멜란히톤을 폴란드로 데려오려 했다. 1537년, 로마에 있던 야코포 살도레토[3] 추기경은 멜란히톤을 로마로 불러들이려 애썼다. 교황의 대사들이 멜란히톤을 자기 편으로 끌어들이려는 노력은 1530년부터 시작되어 이후에도 계속되었다. 파노의 주교인 피에트로 베르타노까지도 트렌토 공의회가 열리는 동안 이 비텐베르크의 인문주의자를 데려올 생각을 품었다. 프랑스 왕 프랑수아 1세는 1535년 종교분쟁을 중재하기 위해 멜란히톤을 파리로 초대했다. 이 제안은 작센 선제후의 마음에 들지 않았기에 멜란히톤은 프랑스에 갈 수 없었다.

영국과 덴마크에서도 제안이 들어왔다. 이 제안은 곤란한 문제를 만들 소지가 적었다. 멜란히톤은 하이델베르크나 튀빙겐, 뉘른베르크, 프랑크푸르트 안 데어 오더, 혹은 예나로 갈 수도 있었다. 1544년에는 취리히로 오라는 제안을 거절했다. 멜란

히톤은 루터주의와 비텐베르크에 충실했으며 끝까지 칼뱅교도
가 되지 않았다.

멜란히톤과 칼뱅

멜란히톤은 종교개혁 1세대이고 칼뱅은 2세대에 속한다. 멜란히톤은 종교개혁을 처음부터 끝까지 겪었고 그 형성에 기여했지만, 칼뱅은 후반부에 가담해 종교개혁에 기여했다. 루터와 멜란히톤의 영향을 받은 그는 1532/1533년 종교개혁가가 되어 갔다. 1536년, 칼뱅이 첫 번째 종교개혁 서적을 출판한 뒤 멜란히톤은 칼뱅의 존재를 알게 된다.

장 칼뱅(원명 장 코뱅), 독일명 요하네스 칼빈은 1509년 북프랑스에서 태어났다. 법학을 전공했고 인문주의의 영향을 받은 그는 개신교적 믿음 때문에 프랑스에서 도주해야 했다. 1536년 바젤에서 망명하던 시절 《기독교 강요Christianae religionis Institutio》를 출판했다. 이 책은 간략히 《인스티투티오Institutio》라고도 불리는데 멜란히톤의 《신학총론》과 마찬가지로 실천적 신앙으로 이끄는 것이 목적이었다.

칼뱅은 1536년부터 1538년까지는 제네바에서, 그 이후에는 스트라스부르에서 활동했다. 그리고 1541년부터 멜란히톤 사망 4년 후인 1564년에 그가 사망할 때까지 제네바를 고향으로 삼고 여기서 삶의 과제를 찾았다.

칼뱅은 루터와 츠빙글리는 개인적으로 알지 못했으나 멜란히톤과는 수차례 만나, 거의 우정이라 할 만한 신뢰를 구축했다. 두 사람은 1539년 2월 말에서 3월 초에 프랑크푸르트 암 마인에서 처음 만나 교회의 상황, 성찬식 일치 및 교회 규칙에 관해 대화를 나누었다. 1540/1541년 칼뱅은 보름스와 레겐스부르크에서 열린 종교회담에 참석했고, 그곳에서 또다시 멜란히톤을 만나 《아우크스부르크 신앙고백 수정판》에 서명했다.

신학적 질문 및 전반적 교회 문제를 다룬 수년간의 활발하고 흥미로운 서신 교환이 멜란히톤과 칼뱅을 묶어 주었다. 유감스럽게도 편지가 모두 보존되어 있지는 않다. 1538년, 칼뱅은 스트라스부르에서 멜란히톤에게 처음으로 편지를 보내어 교회 재산 활용 문제에 조언을 구했다.

1540년, 멜란히톤은 스트라스부르에 있는 칼뱅에게 편지를 보내어 그에게 호의가 있음을 알렸고, 슈말칼덴에서 만나자는 속내를 드러냈다. 1543년 칼뱅은 《인간 의지의 예속과 자유에 관한 이성적인 정통 교리의 옹호》를 멜란히톤에게 헌정했다. 같은 해 멜란히톤에게 보낸 편지에서 칼뱅은 제네바에서의 어려움을 토로했고, 그와의 활발한 정신적 교류를 그리워한다고 썼다. 멜란히톤은 칼뱅에게 답장을 보내, 개신교의 중요한 교리를 알리는 일에 집중하라고 권했다. 이것이 '예정론'에 전념하는 것보다 나을 것이라 했다. 멜란히톤은 섭리와 우연성의 문제는 해결되지 않는다고 생각했고, 하나님이 창시한 것은 죄악이 아니라 인간의 자유의지임이 분명하다고 주장했다. 그리고 같은 해인 1543년, 그리고 이후에 한 번 더 멜란히톤은 칼뱅의 원죄설 및 의지론에 동의하지만, 그의 예정론에는 동의하지 않는다고 잘라 말했다.

칼뱅이 말한 예정론의 의미와 그 가치 판단은 오늘날에도 이론의 여지가 있다. 새로운 칼뱅 연구는 예정론이 그의 중심 교리가 아니라고 주장한다. 칼뱅이 이 이론을 신학적으로 더 체계화시키지 않았다는 것이다. 체계화는 그의 제자였던 테오도르 베즈[1]가 담당했다. 칼뱅은 그저 성서에 드러난 생각을 반복했고, 구원에 인간이 할 일이 있다는 사실에 반대했으며, 하나님의 자유로우심을 수호하고, 믿는 자들의 구원의 확신을 강화하고자 했을 뿐이라는 것이다. 따라서 프랑스에서 도망 나온 자들을, 칼뱅이 제네바에서 설교와 글을 통해 위로하고 힘을 주려던 것은 당연했다. 칼뱅은 그들에게 외쳤다. "하나님이 그대들을 선택하셨습니다, 세상 시작 전에, 그대들의 도움도 받지 않고!" 멜란히톤은 이것이 칼뱅의 중심 교리와 잇닿아 있다고 생각했다. 그의 편지들이 이를 뒷받침한다.

칼뱅과 멜란히톤이 주고받은 서신에서 다룬 또 다른 중요한 주제는 루터와의 관계, 즉 성찬식 이해에 관해 신학적·내용적으로 개신교 내부에서 벌어진 논쟁이었다. 루터는 취리히의 신학자들을 계속 공격했다. 1544년, 칼뱅은 멜란히톤에게 이를 중재해 달라고 부탁했다. 다음 해, 칼뱅은 멜란히톤을 자신과 루터 사이의 중재자로 삼았다. 즉 루터에게 보내는 편지를 멜란히톤 편에 보낸 것이다. 칼뱅은 루터에게 편지를 전해주는 것은 멜란히톤의 마음이며, 자신은 취리히 사람들을 달래겠다고 멜란히톤에게 썼다. 또 멜란히톤과 의견의 일치를 본 것을 소중히 여긴다고 했다. 루터의 불같은 성격에 대해서는 비판적이었다. 멜란히톤은 동봉된 편지를 루터에게 전하지 않았다. 루터가 구교도를 의미하는 '예수의 적'에 대해 쓰는 대신, 또다시 성사聖事에 관해 쓸까 염려했기 때문이다. 그러나 칼뱅은 재차 루터와 성찬식을 언급했고, 1545년에는 루터가 거부한 자신만의 성찬식 교리를 공개적으로 대변해 달라고 멜란히톤에게 요청했다. 칼뱅은 취리히 사람들을 루터가 격렬하게 비난하자 괴로웠다. 루터의 이런 성격은 교회에 위험 요소가 되었다. 몇 달 뒤 루터는 세상을 떠났지만, 성찬식을 둘러싼 다툼은 계속되었고 이후에도 멜란히톤과 칼뱅의 서신 교환에서 성찬식이 중요한 주제가 된다. 1555년, 칼뱅은 멜란히톤이 제발 루터파의 '빵 숭배'에 반대하는 조치를 취해 주기를 바랐다.

칼뱅은 1550년 6월의 어떤 편지에서 멜란히톤을 공개적으로 비난하기도 했다. 멜란히톤이 구교 및 황제와의 교회 정치적인 다툼에서 지나치게 관대하고 지나치게 겁을 먹었다는 것이다. 그러나 또 한편 그를 이해한다고도 썼다. 격분한 멜란히톤은 편지를 찢어 버렸고, 답장하지 않았다.

1552년 10월, 두 사람은 다시 감동적인 서신 교환을 시작했다. 멜란히톤은 칼뱅에게 고충을 털어놓았고, 절망적인 상황이며 독일 도처에서 전쟁 협상을 하고 있다고 썼다. 멜란히톤은 곤경에 빠졌다며, 자신이 곧 죽을 것이라 예감했다. 어쩌면 망명을 해야 할지도 몰랐다. 그럴 경우 그는 칼뱅에게 갈 예정이었다. 멜란히톤은 칼뱅을 아주 좋아하며 사상 교류를 매우 중요시한다고 강조했다. 그러나 신뢰할 만한 심부름꾼이 많지 않아 편지를 자주 할 수는 없다고 했다. 이에 대해 칼뱅은 1552년 11월에 답장을 했다. 최근 편지를 받고 매우 기뻤으며 자신들의 우정이 확인된 것 같다, 교회를 위해 이 우정은 반드시 이어져야 한다고. 칼뱅은 또다시 예정론 문제를 언급했고, 제네바에 자신의 적대자들이 있는데 이들은 자유의지와 예정을 둘러싼 다툼에서 멜란히톤을 증거로 내세운다고 했다. 특히 체포되어 추방된 인문주의자이자 의사인 히에로니무스 볼섹을 가리키는 것이었다. 칼뱅은 의지론과 예정론이 자신과 멜란히톤을 갈라놓는다는 것을 인정했다. 그는 이 주제를 두고 멜란히톤과 사적인 대화를 나누기를 바랐으나 둘의 재회는 이뤄지지 않았다.

제네바에서는 논쟁이 계속되었다. 1553년, 제네바에서는 칼뱅의 참관 아래 인문주의자이자 의사인 미카엘 세르베투스[2]가 화형을 당했다. 전통적인 삼위일체설에 의문을 가졌기 때문이다. 그는 신성모독으로 유죄 판결을 받았다. 멜란히톤은 1554년의 편지에서 중세의 종교재판을 연상시키는 '이단자'에 대한 이 끔찍한 행동을 인정해 주었다. 그러나 바젤의 인문주의자 제바스티안 카스텔리오[3]는 이에 항의했다.

멜란히톤과 칼뱅은 개인적으로 또 신학적으로 유사한 점이 있는데, 어쩌면 멜란히톤과 칼뱅의 차이는 멜란히톤과 루터의 차이보다 더 작을 것이다. 멜란히톤이 사망한 뒤 제자들이 스승의 길을 계속 이어간 것은 놀랍지 않다. 멜란히톤은 칼뱅주의가 독일에서 점차 확산되어 두 종파의 나라가 세 종파의 나라가 되도록 길을 닦아 놓았다.

이러한 변화는 멜란히톤의 몇몇 제자에게는 불행이었다. 1574년, 불길한 기운이 현실이 되었다. 작센의 멜란히톤주의자들, 이전에는 애정을 담아 필리프주의자로 불렸던 이들이 갑작스레 '크립토칼비니스트' 즉 은밀한 칼뱅 추종자로 낙인찍혀 박해를 받았다. 멜란히톤의 사위 카스파르 포이처[4]는 12년간 감옥에 감금되었다. 볼프강 크렐, 하인리히 몰러와 다른 사람들은 대학에서 교수직을 잃었고 크리스토프 페첼은 추방당했다. 그러나 다행히 비텐베르크에서는 장작더미에 불타 죽는 사람은 없었다.

카메라리우스, 900통의 편지

멜란히톤에게는 절친한 친구가 있었는데 그 시대에는 드문 일이었다. 루터, 츠빙글리와 칼뱅에게는 멜란히톤의 우정과 비견될 인간관계가 없었다. 고대 그리스 로마 시대의 이상적 우정을 복원하는 것이 인문주의의 독특한 특성이기는 했다. 그러나 멜란히톤과 요아힘 카메라리우스Joachim Camerarius가 맺은 우정은 그 시대 인문주의자들의 우정을 넘어섰다.

카메라리우스는 1500년, 밤베르크에서 태어났다. 라이프치히와 에어푸르트에서 대학을 다녔고 1521년 대학생 신분으로 비텐베르크에 와 멜란히톤을 알게 된다. 1522년에는 비텐베르크 대학의 수사학 교수가 되었고, 1524년에는 멜란히톤과 함께 브레텐에 갔으며, 루터가 보내는 전령으로서 에라스무스를 찾아 바젤에도 갔다. 1526년, 뉘른베르크에 새로 세워진 인문주의 학교의 관리를 맡았으며 1535년에는 튀빙겐 대학 교수가 되었다. 1541년부터 1574년 사망할 때까지 라이프치히 대학에서 가르쳤고 특히 그리스어와 라틴 문학에 전념했다. 손꼽히는 문헌학자로 인정받은 그는 그리스어 교리 문답서를 저술하여 개신교 교리를 요약했다.

카메라리우스와 멜란히톤은 친밀하고도 지속적인 우정을 맺었다. 두 사람은 종교적, 정치적 신념 거의 모두에서 의견이 일치했다. 나이는 크게 차이 나지 않았으나 직업상의 신분 차이는 컸다. 그럼에도 서로에게 유익한 긴장을 유지하면서 진정한 동료 관계를 맺었다.

다른 지역에서 살며 일했기에 자주 방문할 수 없었던 두 사람은 편지를 주고받았다. 멜란히톤이 카메라리우스에게 보낸 편지는 900통 이상 남아 있다. 이 편지들은 키케로가 아티쿠스에게 보낸 편지와 비견되는데, 당대의 종교적·정치적 사건에 관한 멜란히톤의 생각을 가장 정확하게 알려 준다. 카메라리우스에게는 자신의 의견을 숨기지 않았기 때문이다. 덕분에 우리는 멜란히톤이 '마지못해 한 결혼', 또 결혼 문제까지 아는 것이다. 카메라리우스가 멜란히톤에게 쓴 편지는 유감스럽게도 50여 통밖에 남아 있지 않다. 멜란히톤의 소홀함과 신중함이 이유였을 것이다.

멜란히톤이 사망한 뒤 카메라리우스는 추억을 남겼다. 1566년 그는 최초로 멜란히톤의 전기를 썼고, 1569년 멜란히톤의 편지 일부를 편집했다. 아주 완곡하게 바꾸기는 했지만, 현존하는 인물들에 대한 은근한 암시도 있고 돌려서 표현한 부분도 많았다. 가명도 사용했다.

카메라리우스는 신중하려 애썼고 친구와의 추억을 망치지 않으려 했다. 멜란히톤은 편지를 통해 동시대의 신학자와 정치가에 대해 가차 없이 평가했기 때문이다. 예를 들면 아주 날선 비유를 통해 선제후 요한을 귀족정치주의자로, 그의 후계자 요한 프리드리히는 과두寡頭 정치가로 표현했다. 황제 카를 5세도 때로 아주 부정적으로 평가했다.

　　1541년 카메라리우스가 라이프치히 대학에 초빙된 것은 멜란히톤의 공이 컸다. 카메라리우스는 이곳에서 종교개혁과 인문주의의 힘으로 대학을 개혁해 냈다.

IOACHIMVS CAMERARIVS,
Profeſſor Græcæ et Lat. Linguæ in Acad. Lipſ.
nat. d. 12. Apr. 1500.　　denat. d. 17. Apr. 1574.

요아힘 카메라리우스를 묘사한 판화

멜란히톤은 자신의 제자이자 친구였던 카메라리우스에게 900여 통이 넘는 편지를 보냈고, 여기에는 멜란히톤의 생각과 감정이 날것 그대로 담겨 있다. 위 작품은 18세기 독일의 판화가였던 요한 야코프 하이트(1704-1767)의 작품이다.

빵 안에? 빵과 함께!

성서와 세례, 그리고 성찬은 모든 교회, 모든 신도를 엮는다. 독일어로는 '아벤트말Abendmahl'대신 '헤렌말Herrenmahl', '나흐트말Nach-tmahl'을 쓰기도 하고, '오이햐리스티Eucharistie'(성만찬), '메세Messe'(미사) 또는 '자크라멘트 데스 알타스Sakrament des Altars'(제단성사)라고도 한다. 근본적으로는 모두 동일한 의미이다. 즉 예수가 제자들과 함께 한 마지막 식사를 기억하면서 빵과 포도주를 의례적으로 먹고 마시는 것이다. 종교개혁 시대에 성찬은 구교와 신교 사이의 중요한 논제였고, 신교 내부에서도 주요 쟁점이었다.

종교개혁은 시작부터 네 가지 점에서 중세의 제단성사와 달랐다. 첫째, 미사성제 비난. 즉 중세 교회가 가르친 것처럼 성찬식에서 예수의 희생 죽음이 반복되지 않는다. 둘째, 미사 중 빵과 포도주가 그리스도의 살과 피로 변한다는 화체설 비난. 내용, 본질이 변하는 것이지 모양, 향기, 맛과 같은 본성, 특성이 변하는 것은 아니다. 셋째, 라이엔켈히의 요구. 모든 신도에게 빵뿐 아니라 포도주도 허락되어야 한다. 넷째, 개인 미사와 사효적 행위[1]에 대한 견해 거부. 교인들의 참석 없이 사제만 치르는 성찬식은 계속되어서는 안 된다. 그런 식의 의례는 하나님의 뜻에 맞지 않는다.

　루터는 성찬식에서 하나님께서 직접 행하시고, 구원을 중재하시며, 그리스도가 성체 안에 실제로, 현실로 현현하신다는 관점에서는 중세를 고수했다. 처음에는 카를슈타트가, 이후에는 츠빙글리와 외콜람파디우스가 성찬식의 상징적 이해를 주장하자 루터는 단호히 실재현존을 지지했다. 그는 그리스도의 육체와 피는 빵과 포도주 안에 실제로 존재한다고 믿었다. 그러나 어떻게 그러한지는 명확하게 설명하지 못했다. 루터는 나아가 죄를 사하는 성찬식의 능력을 강조했다. 1524년 늦가을, 츠빙글리는 로이틀링의 종교개혁가 마테우스 알버에게 보내는 편지에서 자신의 성찬식 교리를 설명했다. 이 편지는 훗날 인쇄되었는데 그는 예수가 성찬을 기념 식사로 그리고 공동체의 식사로서, 또 제자들을 위한 예배 잔치로서 행했으며, "성찬의 향유가 죄를 없애지 않고, 오히려 그리스도의 죽음을 통한 죄의 소멸과 파괴됨을 확고하게 믿는 자들 그리고 그것에 감사하는 자들의 신앙고백"이라고 확신했다. 1527년, 츠빙글리의 라틴어 논문 〈우정 어린 주석Amica exegesis〉은 루터와의 직접적인 논쟁을 불러일으켰다.

　루터는 특히 1528년《그리스도의 만찬에 대한 고백Bekenntnis vom Abendmahl Christi》에서 츠빙글리의 견해를 강하게 반박했다. 루터는 성찬식은 하나님께서 행하시는 것이지 인간이 행하는 것이 아니며, '이것은 내 몸이니라'는 예수의 말씀을 글자 그대로 해석하는 것을 중요시했다. 그는 성서의 권위가 손상될 위험에 처했다고 생각했다. 물론 중세적 화체설로 돌아가려는 뜻은 없었다.

1529년, 헤센은 합스부르크 가문 즉 황제에 대항하는 거대 동맹을 결성할 예정이었다. 이를 위해 가능한 한 많은 종교개혁 국가들이 필요했고 신학적 문제가 정치적 중요성을 갖게 되었다. 그러나 루터와 멜란히톤은 '성찬 상징론자'[2]의 동맹을 근본적으로 거부했다. 그들은 스위스 신학자들을 이렇게 불렀는데, 두 사람은 군사적 동맹을 맺으려면 교리상의 모든 문제에서 의견이 일치해야 한다는 조건을 달았다. 정치와 군사 협력은 신학이 일치하거나 적어도 유사해야 가능했다. 1529년 여름, 루터와 멜란히톤은 《슈바바흐 조항Schwabacher Artikel》을 작성했다. 17개 주장이 담긴 이 조항은 슈바바흐에서 열린 제국 내 개신교를 믿는 여러 계급의 회의에서 토의되었고 츠빙글리와 분명히 경계를 그었다. 10번 조항은 다음과 같다. "성찬식 혹은 제단성사는 두 가지 즉 빵과 포도주로 구성되며 이 안에 진실로 그리스도의 진정한 몸과 피가 현존하며…… 단순히 빵과 포도주가 아니다." 그러나 요소들 안에 몸과 피가 실재 현존한다는 사실과 성찬식의 중재적인 특성에 대한 믿음을 강조한 이 조항들은 지나치게 루터파적이어서, 스트라스부르와 울름뿐만 아니라 헤센에서도 이에 동조하지 않으려 했다.

방백 필리프 폰 헤센은 적대자들이 사적으로 만나면 교리 대립이 극복될지 모른다고 생각했다. 그래서 1529년 가을, 오늘날 '정상회담'이라고 할 만한 모임을 개최하기 위해 마르부르크에 있는 자신의 성으로 이들을 초대했다. 그러나 츠빙글리도 초대했다는 사실은 비텐베르크의 신학자들에게 알리지 않았다. 만일 루터가 이 사실을 알았더라면 오지 않았을 것이다.

1529년 10월 1일부터 4일까지 방백 필리프 폰 헤센을 의장으로 한 신학자 회의가 열렸다. 한쪽 편은 루터와 멜란히톤이고 다른 편은 츠빙글리와 외콜람파디우스였다. 이외에도 스트라스부르의 카스파르 헤디오[3], 마르틴 부처, 비텐베르크의 유스투스 요나스[4], 슈배비쉬 할의 요하네스 브렌츠[5], 뉘른베르크의 루카스 오지안더[6], 아우크스부르크의 슈테판 아그리콜라[7]가 참석했다. 신학자들은 유연한 태도를 보였고, 서로 이해의 폭이 넓어졌다. 그러나 그리스도의 몸이 실제로 현존한다는 문제는 여전히 쟁점이었다. 비텐베르크 신학자들은 다양한 표현을 제시했지만, 츠빙글리에게는 그 모든 것이 수용 불가였다. 회의의 결론으로 그들은 15개의 교리 조항에 서명했고, 마지막 15번 조항에서 '그리스도의 진정한 몸, 진정한 피가 빵과 포도주에 진짜로 존재하는지'에 대해서는 의견의 일치를 볼 수 없다는 것을 확정지었다. 그러나 그들은 그리스도적 사랑은 확인했으며 이는 앞으로 서로 비방하지 않겠다는 암시였다. 그러나 루터는 츠빙글리와 그의 추종자들을 '형제'로 인정할 준비가 되어 있지 않았고 츠빙글리는 눈물을 흘리고 만다.

츠빙글리는 루터와 세 시간 동안이나 토론을 벌인 외콜람파디우스가 생애 두 번째로 요하네스 에크와 부딪힌 것 같다며 자신에게 한 말을 훗날 전했다. 외콜람파디우스가 보기에 성찬 문제에서 루터는 로마 편인 것 같았다. 그러나 루터는 당시 자신은 적절하게 행동했다고 생각했다. 멜란히톤이 자신을 제어했다고 나중에 밝혔기 때문이다. 외콜람파디우스가 에크를 처음 만난 것은 1526년 스위스 아르가우 주 바덴에서의 논쟁에서였다. 나중에는 독실한 루터교도 역시 개혁파 교도들과 성찬 때문에 발생한 대립이 가톨릭 교도들과의 대립보다 더 심각하다고 느꼈고, 다음과 같이 허풍을 떨었다. "츠빙글리식보다 차라리 교황식으로!"

츠빙글리는 멜란히톤과 여섯 시간 동안 대화를 나눴다. 그는 멜란히톤이 '정말 능수능란하다'고 생각했고, 자신의 상대자가 '모든 형태로 변했다'고 했다. 사실 멜란히톤은 유연하고 타협적이었지만, 츠빙글리를 설득할 수는 없었을 것이다. 츠빙글리는 모든 것을 동원하는 멜란히톤의 전략 뒤에 감춰진 루터의 성찬 교리를 눈치 챘기 때문이다. 이것이 멜란히톤과 츠빙글리의 처음이자 마지막 만남이었다. 서신 교환도 없었다. 멜란히톤은 츠빙글리를 그리 높이 평가하지 않았다. 그의 모든 기질이 멜란히톤에게는 낯설었다. 비텐베르크의 신학자들은 교양 없는 스위스 농부의 모습을 츠빙글리에게서도 보았다. 물론 스위스 동맹이 제국에서 분리되고 있었다는 사실도 그런 관점에 일조했다.

마르부르크 회담은 끝났고 며칠 뒤 작센 선제후와 게오르크 폰 브란덴부르크 후작은 츠빙글리 추종자들을 불신자이자 하나님의 분노 아래 선 자들이라 선포했다. 선제후령 작센은 슈 바바흐 조항을 고수했다. 이로써 종교회담은 실패로 돌아갔다. 필리프 폰 헤센은 자신의 뜻을 이루지 못했다. 성찬을 둘러싼 다 툼과 중재는 오랫동안 계속되었다. 가장 중요한 역할을 하는 사 람은 이제 루터가 아니라 멜란히톤이었다.

멜란히톤은 1521년에 쓴 《신학총론》에서, 아직 더 깊이 생 각해야 했지만, 실재현존론을 "주님의 식탁에의 참여, 이는 그 리스도의 몸을 먹는 것이며 그분의 피를 마시는 것이고, 은총 의 명백한 징표이다"라고 주장했다. 성찬을 받음으로써 시험과 사망에서 믿음을 강화할 수 있다고 했다. 훗날 멜란히톤은 보다 첨예화되고 엄격해진 루터의 실재현존론에는 더 이상 동조하지 않았고, '빵과 함께' 그리스도가 이 자리에 계신 것이지, '빵 안 에' 계신 것은 아니라고 설명했다. 그는 엄밀한 실재현존이 아니 라 활동적 현존을 가르쳤다. 성사는 실제적으로만, 성사가 진행 되는 중에만 성사라고 했다. 즉 성찬의 포도주는 예배 뒤에는 더 이상 신성함이 없으며, 남은 것은 교회 집사에게 선물로 주거나 예배에 참석한 사람들에게 주거나, 아니면 따라 버려도 된다고 했다. 멜란히톤의 '빵과 함께'라는 표현은 1536년의 비텐베르크 협정과 1540년의 《아우크스부르크 신앙고백 수정판》 및 더 나 아가 1577년의 《협화신조Konkordienformel》에도 나타난다. 《아우크 스부르크 신앙고백 수정판》에서 멜란히톤은 다른 입장들에 대한 강한 비난은 삼갔다.

칼뱅은 성찬을 이해하는 또 다른 표현을 내놓았다. 그는 그리스도의 현존은 정신적이며 영적인, 즉 영적 현존이라고 설명했다. 그리스도는 성찬식에 함께 계시는데, 몸으로가 아니라 신성 안에 함께하시며, 영을 통해 중재된다는 것이다. 그리스도의 몸은 하늘에 있지만 정신은 믿는 자들 안에서 드러나기 때문에, 믿지 않는 자들의 영성체manducation impiorum는 있을 수 없다고 했다. 믿지 않는 자는 성찬식 때 그리스도의 몸을 받는 것이 아니라 그저 빵을 받을 뿐이라는 것이다. 칼뱅은 이렇게 츠빙글리와 자신을 구분했지만, 엄격한 루터교도는 칼뱅의 관점을 수용할 수 없었다.

루터의 사망 후 그를 따르는 신학자들은 루터의 관점을 더욱 극단까지 밀고 나갔다. 예수의 육체는 성찬식이 현재 진행되는 곳에 동시에 존재할 수 없고, 그저 정신적으로만 존재할 수 있다는 주장을 저지하기 위하여 공작령 뷔르템베르크의 종교개혁가 요하네스 브렌츠는 그리스도의 몸의 편재론遍在論을 펼쳤다. 예수 그리스도 안에서 하나님과 인간이 하나가 되었기 때문에 하나님의 특성이 인간의 본성에 전이되었고, 따라서 그리스도의 몸은 인간의 몸과는 달리 동시에 여러 곳에 있을 수 있다는 것이다. 멜란히톤은 브렌츠를 아주 높이 평가했지만 이러한 억지스러운 '새로운 독단'은 이해하려 들지 않았고, 대놓고 조롱했다.

성찬 논쟁은 루터 교회와 개혁 교회 사이에서 수백 년간 지속되었다. 1933-1945년의 '교회 투쟁' 기간에도 개혁파 목사와 루터파 목사는 함께 성찬에 참여하지 않았다. 아주 최근인 1973년의 《로이엔베르크 합의Leuenberger Konkordie》를 통해 비로소 갈등이 중재되었다. 멜란히톤의 짤막한 표현 '빵과 함께'가 승리했다. "성찬에서 부활하신 예수는 당신께서 약속하신 말씀을 통해, 빵과 포도주로 모두를 위해 희생하신 당신의 몸과 피 안에서 자신을 선물로 주신다." 루터파와 개혁파의 대표자들은 1973년 바젤 근처의 회의 장소 로이엔베르크에서 이렇게 결정했고, 그 사이 1백 곳이 넘는 개신 교회가 이 성명에 서명했다. 이로써 멜란히톤은 프로테스탄트 내부의 기독교 통합 운동의 아버지가 되었다.

왜 유아에게 세례를 주는가

구교와 개신교 사이뿐 아니라, 종교개혁 운동 내부에서도 성찬과 아울러 세례 역시 논쟁의 대상이었다.

루터가 바르트부르크에 머물던 1521년 말, 멜란히톤은 유아세례가 적절한지 의구심이 있었다. 그는 일명 츠비카우의 예언자들, 즉 츠비카우에서 온 세 남자의 영향 아래 있었다. 이들 중 두 사람은 직물공이었다. 이 세 사람은 비텐베르크에 머물며 소명을 받고 설교를 하고 있었다. 그들은 유아세례를 거부했고, 멜란히톤은 그들의 주장에 감명을 받았다. 비텐베르크에서는 개인의 관점에 불과했던 것이 다른 지역에서는 대안을 제시하는 개신 교회를 구성해 냈다. 재세례파 교구와 교회가 생겨났고 이들은 오늘날에도 존재한다.

재세례파 운동은 취리히의 종교개혁에서 발생했다. 취리히의 시골 마을에서는 늦어도 1524년에는 유아세례가 문제시되어 무효라 선포되었고, 성년 세례가 요구되었다. 1525년 1월, 시의회는 이 때문에 세례 논쟁을 벌였고, 당연히 유아세례를 원하는 측이 이겼다. 그러나 콘라트 그레벨[1]이 이끄는 사람들은 며칠 뒤 졸리콘에서 선동적으로 최초의 재세례를 실행했다. 그레벨은 게오르크 블라우로크[2])에게 세례를 주었다. 그레벨은 수차례 체포되었고 1526년 전염병으로 사망했다. 1526년 취리히 시의회는 '재세례' 즉 이미 유아세례를 받은 어른에게 다시 세례를 줄 경우 사형에 처한다고 공포했다. 사형은 1527년 처음 집행되어 펠릭스 만츠[3])가 익사당했다.

1527년, 헤가우의 슐라이트하임에서 '형제 연맹'이 결성되었다. 이로써 최초의 개혁파 자유교회가 설립되었다. 재세례파의 첫 번째 신앙고백인 《슐라이트하임 조항Schleichtheimer Artikel》은 믿음의 세례를 원칙으로 정했다. 재세례파는 엄격한 금지조치[4])를 통해 자신들의 파에 속하지 않은 사람들과 자신들을 구분했다. 그들의 최고 법칙은 세상과의 분리로, 자신들의 노선에 충실하지 않은 교구민들은 철저하게 몰아냈다. 군 복무와 마찬가지로 맹세도 금지되었다. 재세례파는 진실한 그리스도교도에게 세속 정부는 필요하지 않다고 주장했다. 교구 안에는 진정으로 믿는 자들만이 모여야 한다는 것이다. 목자로 불리는 목사는 임의로 선출되었다.

그 결과 스위스 재세례파는 세상에 등을 돌린 모임이 되어갔고, 이들은 점점 더 경직되었다. 독일 남서부에서도 흩어진 재세례파 사람들이 남아 있었다. 또 다른 재세례파 집단은 1520년대와 1530년대 보헤미아와 모라비아, 독일 북서부에서 생겨났다. 이 운동은 상당히 다양했고, 다툼으로 인해 산산이 분열된 상태였다. 카리스마적 지도자가 각각 다른 방향을 제시했기 때문이다. 수많은 재세례파 집단은 훗날 조직을 이루어 오늘날까지 존재한다. 메노파[5]와 후터파[6]가 그것이다.

멜란히톤은 교회 시찰 중 재차 유아세례에 의구심을 품고 이 문제에 몰두했다. 1528년, 그는 라틴어로 쓴《재세례에 관한 평가》에서 이를 상세히 다루었다. 독일어로도 번역되어 널리 퍼진 이 글은 전반적으로 성사 문제를 다루며, 세례에 관한 신학적·핵심적 쟁점을 토론한 뒤, 마지막으로 유아세례에 관한 충분한 근거를 성서와 구교의 전통에서 이끌어내고 있는데 상당 부분 아우구스티누스의 신학에 근거를 두고 있다. 멜란히톤에게 재세례파는 오류를 가르치는 자들이며 반란자로, 악마에 사로 잡혀 있고 '유대인과 같으며' 또 다른 오류를 추종하는 사람들이었다.

1529년, 가톨릭과 개신교 신분대표들은 슈파이어 제국의회에서 만장일치로 일명 재세례파 의석과 작별을 고했다. 재세례파에 기부하는 자들은 사형에 처하며, 재세례를 받은 사람도 사형에 처하기로 결정되었다. 또한 갓 태어난 아이의 세례를 거부하는 사람도 목숨의 위협을 받았다. 그러나 재세례파 신앙을 고백했다가 이를 철회한 사람들은 사면하기로 하였다.

모든 제국 법규가 그렇듯 이 법규의 실행은 개별 신분대표의 뜻에 달려 있었다. 그 결과 여러 지역에서 재세례파는 다른 대접을 받았다. 가톨릭 지역인 로텐부르크에서는 머리가 굴러떨어졌고, 장작더미가 타올랐으며, 네카 강에는 물에 빠진 시체들이 떠 다녔다. 반면 개신교 지역 스트라스부르와 헤센에서는 관대한 대접을 받았다.

작센 선제후의 주문에 따라 1531년, 재세례파 사형에 관해 멜란히톤은 상세한 평가서를 작성했다. 멜란히톤은 각 경우에 따라 세분화시켜 처리할 것을 요구했다. 그는 두목과 고집스러운 추종자의 사형은 정당하다고 했는데, 이유는 그들이 집회 금지를 위반했고, 반란을 일으켰으며, 신성 모독 감행에 성직을 거부함으로써 교회 정부가 지켜야 하는 교회의 질서를 파괴했다는 것이다. 멜란히톤은 재세례파를 초기 기독교도 중 하나였던 도나투스파에 비교했다. 도나투스파는 박해가 일어나서 자신의 책임을 다하지 않은 성직자가 성사를 베푼다면 그것은 효력이 없다고 여긴 사람들이다. 멜란히톤은 재세례파는 잘못된 가르침 때문이 아니라 그들의 태도와 신성모독 때문에 처벌받아야 한다고 주장했다. 이단이라는 이유로 사형을 집행한다는 생각은 멜란히톤 같은 개신교도에게는 불쾌했다. 왜냐하면 이단은 세속적 방법이 아니라 정신적 방법으로 맞서야 한다고 구교도에게 일관되게 말해 왔기 때문이다. 재세례파가 선동적으로 교리를 펴지 않는 한, 국외로 추방할 뿐 죽여서는 안 된다고 멜란히톤은 주장했다. 전향 가능한 사람들은 공개적으로 회개해야 했다. 루터는 평가서에 동의했다. 1528년 당시 루터는 사형에 관해서는 아직 조심스러웠다.

호흐라인에 있는 도시 발츠후트, 그리고 메로비아에 있는 니콜라스부르크와 베스트팔렌 주의 뮌스터에서 재세례파는 잠시 권력을 획득하여, 자신들의 신념에 따라 공동체 국가를 만들었다. 특히 1534/1535년 뮌스터에 세워진 일명 재세례파 국가는 관심을 집중시켰다. 카리스마 있는 네덜란드 지도자들의 지휘와 곧 종말이 온다는 기대가 엄격하고 독재적인 정부를 만들었다. 노선 이탈자들에 대한 사형이 수없이 집행되었고, 재세례파 지도자들은 구약을 모범으로 일부다처제를 행하였다. 뮌스터의 주교와 다른 개신교 및 구교 정부들은 군대를 모아 이 도시를 점령했고 재세례파 지도자들에게 피비린내 나는 종말을 안겼다. 재세례파 운동과 그 이상은 이 사건으로 엄청난 타격을 입었다.

멜란히톤이 재세례파와 직접 만난 것은 단 한 차례였다. 1535/1536년 겨울, 그는 튀링겐에서—예나, 로이히텐부르크와 칼라에서도—수많은 구금자들을 심문했다. 그중에는 잘레 강가 칼라 성 근처 클라인오이터스도르프 출신의 방앗간 주인이었던 재세례파 지도자 한스 파이스커[7]도 있었다. 현재까지 남은 문서를 보면 멜란히톤이 뮌스터 사건에 깊은 인상을 받았음에도, 상황을 구분했다는 것을 보여 준다. 많은 경우 멜란히톤은 방면하기 위해 변호하기도 했고, 어떤 경우에는 사형 집행을 지지하기도 했다. 파이스커의 처형은 세르베투스를 처형할 때보다 소동이 적었지만, 칼뱅뿐 아니라 멜란히톤도 손에 피를 묻혔다. 오늘날 제네바에는 세르베투스 기념비와 그의 이름이 붙은 거리가 있다. 이와 반대로 파이스커는 그의 고향에서조차 사람들의 기억에서 사라졌다.

멜란히톤은 유아세례를 어떻게 설명했을까? 1522년, 스스로 의구심이 들었을 무렵 루터의 편지가 도착했다. 루터의 가르침이 든 이 편지를 통해 멜란히톤은 대리 믿음[8] 사상에 한발 다가갔다. 루터는 아이들의 세례에서 부모나 대부 혹은 신도들의 믿음이 중요하다고 썼다. 그러나 이후 멜란히톤은 다른 주장을 우선시했는데, 50년대에 더 넓은 독자층을 생각하고 쓴 《신약총론》 독일어 판에서는 왜 유아세례가 가능한지, 왜 베푸는지 여러 이유를 들고 있다.

첫째, 멜란히톤은 고대 교회를 '순수한' 교회라고 생각했는데 그곳에서 아이들은 세례를 받았다. 멜란히톤은 오리게네스[9], 키프리안, 아우구스티누스를 참조하도록 지시하였다. 즉 그는 전통적 논거를 사용했다.

둘째, 성서에 근거한다. 즉 약속과 하나님의 왕국은 아이들과 관계 있다는 것이다. 그는 "어린아이들이 내게 오는 것을 금하지 마라"(마 19:14)는 예수의 말씀을 제시했다. 에베소서 5장 5절, 사도행전 4장 12절과 요한복음 3장 5절과 관련하여, 교회 밖에는 구원이 없으며 면죄도 없기 때문에 아이들은 교회와 '일체가 되어야만 한다'고 단언했다. 이 외에도 요한복음 3장 5절에서 세례는 모두에게, 즉 아이들에게도 주어졌음을 밝혔다.

셋째, 일반적인 신학적 논리도 뒷받침한다. 즉 아이들은 원죄 때문에 면죄가 필요하며 따라서 세례를 받아야 한다는 것이다. 약속이 아이들의 것이라면, 그에 속하는 징표도 그들의 것이다. 아이들을 가로막아서는 안 된다고 멜란히톤은 주장했다.

멜란히톤은 여러 반증과 함께 논쟁거리를 한 가지 더 제공한다. 아이들은 아직 믿음이 없다는 주장에 대해 그는 세례를 통해 아이들이 성령을 받는다고 반박했다. 성령은 아이들 안에서 활동하고 아이들 안에서 하나님을 향한 사랑, 즉 믿음의 전 단계를 만든다는 것이다. 나아가 멜란히톤은 세례는 인간적인 신앙 고백 행위로, 그 안에서 사악한 욕망을 죽이고, 엄격한 삶을 살며, 고난 속에서 인내할 것을 약속해야 한다는 관점에는 반대했다. 멜란히톤에게 세례란 인간을 향한 은총의 증거였다. 루터가 대변했던, 부모나 대부가 대신하는 믿음은 이제 멜란히톤에게 더 이상 중요하지 않았다.

모든 위대한 종교개혁가들은 유아세례를 지속하기로 결정했고, 유아세례가 가능할 뿐 아니라 주어진 것이며 거부할 수 없다고 보았다. 그러나 신학적 근거, 특히 성서적 근거가 약하기 때문에 종교개혁가들이 신학 외적 이유로 이 전통을 고집하지 않았나 의문을 제기할 수 있다. 모든 종교개혁가들은 거대하고, 통일적이며 민중 전체를 파악하여 교육할 수 있는 교회 조직체를 만들고자 했다. 이 점에 있어서는 그들은 여전히 중세적이었다. 20세기적 의미의 국민 교회는 유아세례를 고수해야만 존재했다. 유아세례가 유지되지 않거나, 개인이 결정할 수 있었다면 기독교의 분리와 다원화는 필연적이었을 것이다.

유아세례 고수와 그 타당성을 뒷받침하는 근거들은 루터파 교회가 미신적 책략을 계속 유지하게 만들었다. 모태 세례, 사산아 세례, 갓 태어난 아기에게 예배 시가 아니라 집에서 세례를 주는, 널리 오랫동안 퍼져 있던 관습이 그러했다. 예외로 생각되었던 불의의 세례나 긴급 세례가 일반화되었다. 원죄를 갖고 태어나 세례 받지 못하고 사망한 아이들이 어떻게 될까 두려워했기 때문이었다. 개혁파 교회에서는 긴급 세례가 폐지되었다.

자유의지는 있는가

인간은 자유의지가 있는가? 인간은 자신들의 삶을, 또 하나님과의 관계를 마음대로 할 수 있는가? 이 질문은 개신교 내부는 물론 개신교와 구교 사이에서 오랫동안 논쟁이 된 주제였다.

루터는 1518년 4월 26일 하이델베르크 대학에서 이 주제를 처음으로 제시했다. 95개 조항으로 유명해진 직후, 자신이 속한 교단에서 또 다른 신학적 명제 스물여덟 개와 철학적 명제 열둘을 제시할 때였다. 이 명제들은 특히 아리스토텔레스의 형이상학에 맞섰다. 또한 하나님의 율법이 인간을 의로 이끌지 않으며, 어떤 인간도 하나님 앞에서 자신의 도덕적 성과를 증거로 들이댈 권리가 없다고 주장했다. 인간이 주장하는 자유의지를 루터는 죄의 노예와 관련지었다. 즉 인류의 타락 이후 자유의지란 단순한 개념에 불과하며, 자기 능력으로 무언가를 행하면 실제로는 죽음의 죄를 짓는다고 주장했다. 이에 반해 교회는 인간이 비록 약할지라도 가능한 모든 것을 행해야 하며 그러면 하나님이 그 밖의 모든 것을 더하신다고 항상 가르쳤다.

루터와의 공개 토론을 수차례 독촉받은 에라스무스는 1524년, 《자유의지에 대하여De libero arbitrio》라는 책을 냈다. 그는 루터가 하이델베르크에서 말했던 명제들을 다시 언급했고, 인간은 하나님 앞에서 결코 자유의지를 갖지 못한다는 루터의 주장을 부인했다. 그는 한정된 자유의지를 지지했고, 인간은 하나님의 은총을 받아들일 수도 있고 거부할 수도 있으며 자신의 구원에 연대책임이 있다고 주장했다.

인문주의자가 쓴 이 책은 정중하고 겸손한 어투였으며, 선동할 의도는 없었다. 에라스무스는 자신이 다루는 주제가 별로 까다롭지 않으며 부차적이라고 생각했다. 그러나 루터는 그 글이 다룬 주제는 물론 어투에 격하게 반응했고, 1525년에는 신학적으로 가장 중요한 그의 글 중 하나인 《노예 의지에 대하여De servo arbitrio》를 썼다. 이 종교개혁가는 인간은 하나님과의 관계에서 능동적으로 계획하는 자가 아니며, 오직 하나님만이 행동하시고 인간은 받아들이는 자라는 입장을 고수했다. 그리고 루터는 에라스무스를 조롱하고 비웃었다.

마음에 깊은 상처를 입은 에라스무스는 이후 종교개혁에 관심을 끊었고, 재차 분명하게 구교의 입장에 섰다. 멜란히톤과의 관계도 당분간 불투명해졌다. 1526/1527년 에라스무스는 다시 한 번 루터를 염두에 두고, 2부로 된 《마르틴 루터의 책, 노예 의지에 반대하는 논박서Hyperaspistes diatribae adversus servum arbitrium Martini Lutheri》를 썼다. 시편 91편 13절[1]을 보면 이 라틴어 제목[2]에 숨은 의미, 즉 독사 루터를 누군가 밟고 넘어간다는 의미가 있다. 이미 오래전에 에라스무스를 '독사Viper'라고 모욕했던 루터는 더 이상 반응하지 않았다.

멜란히톤은 초기에는 루터와 마찬가지로 자유의지를 반박했다. 그래서 1521년에 쓴 《신학총론》에서 "일어난 모든 것이 하나님의 예정에 따라 필연적으로 일어났기 때문에, 우리 의지의 자유는 없다"라고 썼다. 두 거인의 싸움에서 멜란히톤은 처음에는 루터 편에 섰고, 1520년대 후반에 집필한 여러 골로새서 주석에서도 에라스무스를 겨냥한 입장이었다. 그러나 에라스무스를 공개적으로 모욕하거나 언성을 높이지는 않았다. 멜란히톤이 볼 때 에라스무스는 기독교적 의와 인간의 자유를 명확히 구분하지 못하는 근본적인 실수를 했다. 멜란히톤은 세상사에서 인간의 자유는 허용했으나 인간의 나약함과 악마의 공격으로 인간의 자유는 당연히 제한된다고 보았다. 철학자라도 스스로 정당하다고 인식한 원칙을 따르는 것은 불가능하다고 그는 주장했다. 멜란히톤이 볼 때 에라스무스도 하나님의 말씀과 인간의 이성을 정확히 구분하지 못하였다. 멜란히톤은 인문주의자로서의 에라스무스를 공격했고, 그의 수사학적 변증법 능력도 의심했다. 또한 에라스무스가 루터를 공격한 것도 비난했으며, 인간이 하나님의 도움에서 버림받을 때 어떤 일이 일어나는지 보여 주는 끔찍한 예가 에라스무스라고 생각했다.

그러나 1530년, 멜란히톤은 다시 에라스무스와 연락을 취했고, 1530년대에는 신학적 견해를 바꾸어 에라스무스와 가까운 입장을 취했다. 그럼에도 후기 멜란히톤은 에라스무스의 추

《자유의지에 대하여》(1524)의 표지(좌)

《노예 의지에 대하여》(1525/1526)의 표지(우)

루터는 1518년 하이델베르크 대학에서 자유의지는 개념에 불과하며, 자유의지로는 죄를 지을 뿐이라고 주장한다. 에라스무스는 1524년 《자유의지에 대하여》를 펴내 인간은 자신의 구원에 연대책임이 있음을 주장했으며, 루터는 하나님만이 행동하시며 인간은 그것을 받아들일 뿐이라고 《노예 의지에 대하여》에서 에라스무스에 맞섰다.

종자가 아니었고, 그렇게 이해되지도 않았다. 루터는 동료의 입장 변경을 용납했으나 루터의 추종자들은 멜란히톤을 맹렬히 공격했다. 츠빙글리의 후계자인 취리히 사람 하인리히 불링거[3]도 비난을 퍼부었다. 오늘날에도 자유의지 문제는 종교개혁가 멜란히톤의 품위를 의심하게 만드는 원인이 되고 있다. 그러나 의로운 자는 영이 있으며, 영은 사고와 의지를 새롭게 한다는 것은 멜란히톤에게 명백했다. 의지가 약하기는 해도 노예까지는 아니다.

1556-1560년 공작령 작센에서는 자유의지 문제에 관한 논쟁, 즉 하나님의 은총과 인간의 노력이 함께 작용한다는 이론을 두고 논쟁이 벌어졌다. 구원을 이룰 때 인간의 의지와 힘이 협력한다는 것이 또다시 문제가 되었다. 인간은 하나님이 베푸는 은총에 동의해야만 하는가? 혹 거절할 수도 있을까? 라이프치히 출신의 요한 페핑어와 예나 출신의 빅토리누스 슈트리겔은 멜란히톤의 이론에 근거하여 인간의 의지가 협력해야 한다는 입장을 대변했다. 그들은 "인간은 통나무가 아니다"라며 노예 의지에 반론을 제기했다. 그러나 예나 출신의 마티아스 플라키우스는 반대 입장을 대변하면서 자유의지를 단호히 부인했다.

성자를 존경하라, 하지만

성자숭배는 중세 신앙의 근본 요소였다. 사람들은 성자를 구호자이자 대변인으로 여겼고, 그들에게 기도했다. 1505년, 슈토터른하임의 어느 여름날, 심한 악천후를 만난 루터는 성 안나를 부르며 소원을 들어주면 수도사가 되겠다고 서약했다. 그는 악천후 속에서 살아남았고 수도사가 되었다.

그러나 1517년부터 루터는 성자숭배를 반대했다. 종교개혁의 발길이 닿는 곳마다 성자상이 교회에서 제거되곤 했으며 폭력적인 성상 파괴가 자행되었다.

루터와 달리 멜란히톤은 단 한 번도 성자와 내적으로 깊은 관련을 맺은 적이 없었고 오히려 이 주제에 거리를 두려고 했다. 《아우크스부르크 신앙고백》21항은 다음과 같이 말한다. "우리들이 믿음을 강화하기 위해 성자를 추모해야 한다면, 우리는 그들이 어떻게 은총을 입었으며, 또 믿음을 통해 어떻게 도움을 받았는지 알게 될 것이다. 더불어 사람들이 각자 자신의 소명에 따라 성자들의 선한 행위에서 실례를 취한다는 것을 알 것이다." 《아우크스부르크 신앙고백 변증서》21항은 기도를 상세히 가르치고 있으며 오직 하나님께만 간청을 드려야 한다고 명백히 논증한다. 기도에 관한 장황한 논술 이전에 개신교가 성자 존경을 보는 입장에 관해 그는 "우리의 신앙고백은 성자 존경에 동의한다"라고 답한다. 개신교적 관점에서 성자에게 어울리는 존경은 다음 세 가지다. 첫째, 성자들을 통해 교회에 내려 주신 자비의 선례에 대해, 그리고 교회의 스승으로서 그들의 역할에 대해 하나님께 감사를 드림으로 성자들을 존경하라. 따라서 성자 존경은 하나님께 바치는 감사로 행해진다. 그러나 성자들 자신도 찬양받아야 하는데 왜냐하면 하나님께서 주신 재능을 제대로 사용했기 때문이다. 둘째, 믿음의 강화를 위해 성자들의 전기가 사용되기 때문에 그들은 존경받아야 한다. 믿음을 강화하려면 이들의 전기를 알아야 한다는 결론이 나온다. 셋째, 성자들을 모방함으로써, 즉 그들의 믿음을 모방하고 그들의 미덕을 모방함으로써 존경하라. 이 미덕은 독일어판 《아우크스부르크 신앙고백 변증서》에서는 '사랑'과 '인내'로 구체화되어 있다.

멜란히톤은 1552년에 집필한 《교회규율Kirchenordung》에서 성자에 대해 어떻게 설교하는 것이 올바른지 설명하고 있다. 성자와 관련하여, 하나님께서 어떤 인간에게 나타나셔서 말씀을 주셨는지, 그리고 성자가 기독교인을 강하게 만들기 위해 '그들의 증언'을 통해 어떤 가르침을 설교하고 싸웠는지 항상 보여 주라는 것이다. 그리고 교회는 '영원히 십자가 아래에 존재하며', '하나님의 권능을 통해' 유지된다는 사실을 성자를 통해 배울 수도 있음을 주장했다.

하루하루를 기념하는 습관이 있던 멜란히톤에게 성자숭배는 중요했다. 달력을 보면서, 그날이 지닌 종교적, 역사적 의미를 숙고하는 것은 아침기도의 정해진 일과였다. 이렇게 그날의 특별한 의미를 생각하는 것은 좋은 일이며 이것은 경건파의 기도 문구의 기능과 비교될 수 있었고, 감사와 간구를 하게 했으며, 처리해야 할 일상의 과제에 유용하고 위안이 되는 영감을 주기도 했다. 그뿐만 아니라 멜란히톤은 자신만의 달력을 만들어 갔는데, 교회의 전통적인 절기와 주보성인이 태어난 날부터 종교개혁적 사고와 일치되는 것만을 취하며 일반 역사와 개인 기념일을 기록한 달력이었다. 이를 위해 멜란히톤은 그리스도가 당한 수난 날짜를 확실하게 못 박았는데, 이미 중세부터 이런 시도를 한 사람들이 있었다. 멜란히톤이 같은 날 일어난 사건들을 기록한 연대표는 예수가 '요단강 저편'(요 10:40)을 떠났다고 하는 3월 14일부터 부활한 3월 27일까지 이른다. 부활절 전 금요일인 그리스도 수난의 날과 달의 주기에 따라 변동되던 유동적인 절기도 날짜가 고정되었다. 멜란히톤은 옛 교회에서 지켰던 전통과 중세적 전통을 다시 가져왔고, 3월 25일 춘분을 예수의 십자가 죽음을 기억하는 날로 확정했다. 동시에 그의 관점에 따르면 3월 25일은 창조의 여섯 번째 날, 즉 아담이 창조된 날이기도 했으며, 원죄가 들어온 날이었고, 노아가 방주에 들어간 날이었다. 뿐만 아니라 이스라엘 민족이 이집트에서 탈출한 날이자 이삭이 제물로 바쳐진 날이라고 멜란히톤은 생각했다. 널리 알려진 것과 같이 이날은 멜란히톤에게도 그리스도 수태일, 그 신비로운 잉태의 날이었다.

사건들을 개관하고 정확하게 날짜를 정하는 태도는 역사에 대한 멜란히톤의 관심을 보여 주며, 신학적인 동시에 구원의 역사적 사상의 표현이기도 하다. 역사적, 신학적으로 중요한 사건들은 기독교에서 항상 시간이나 장소로 결합되어 있었다.

멜란히톤의 깊은 신앙생활에 3월 25일이 갖는 의미는 3월 25일에 쓴 여러 편지에 나타나는데 1545년 3월 24일, 비텐베르크에서 자신의 성찰과 그 밑바탕에 있는 예측을 공개적으로 게시한 것을 보면 알 수 있다. 며칠 뒤, 평소 습관과 달리 루터도 자신이 쓴 편지에서 부활일을 멜란히톤이 유포시킨 연대에 따라 표기했다.

전통적인 성자 추모는 멜란히톤의 매일의 기념제에서도 중요했다. 그는 8월 20일에는 클레르보의 베르나르[1]를 추모했다. 특히 파문된 대립왕 콘라트 3세[2]를 교회 및 황제와 화해시킨 베르나르의 정치적 업적을 인정했고, 그의 '선한 사상'을 기렸다. 베르나르가 주문으로 악령들을 물리쳤다는 이야기도 옳으며, 지금도 우리는 기도를 통해 악령에서 벗어날 수 있다고 그는 설명했다. 교부 아우구스티누스, 암브로시우스 및 인문주의자들의 성자 히에로니무스 추모일도 있었고, 멜란히톤이 '경건한 백작 부인'이라고 칭송했던 성녀 엘리자베트 즉 엘리자베트 폰 튀링겐[3]의 추모일도 있었다. 또한 교황 그레고리우스 대제와 성 라우렌티우스⁴⁾, 알렉산드리아의 카타리나⁵⁾ 성녀도 존경을 받았다. 카타리나 축일은 멜란히톤에게 중요했다. 아내의 이름과 그가 살아 있을 때 태어난 두 손녀의 이름 역시 역사성이 불분명한 이 전설적 성녀의 이름에서 따왔기 때문이다. 전설적 인물인 로마의 부제 라우렌티우스도 종교개혁가 멜란히톤에게는 의미가 있었다. 라우렌티우스 교회에서 세례를 받았기 때문이다.

멜란히톤은 역사적 사실에 흥미가 많았다. 우리는 그가 정한 추모일뿐 아니라, 멜란히톤이 청중 앞에서 하나의 사건이 얼마나 오래전에 일어났는지 계산하는 것을 즐긴다는 것도 알 수 있다. 그러나 전설이 된 자료, 특히 외견상 불가사의한 것은 제거되었다. 이런 식으로 계속 발전한 멜란히톤은 성자 추모일을 계기로 삼아 성자를 에워싸고 있는 '어리석은 우화'에 본격적으로 반대하는 설교를 했다.

멜란히톤의 역사관은 종교적이었다. 그는 인문주의 전통에서 역사학자의 본보기적 가치를 강조하여 도덕적·윤리적 관점을 중시했으나 훗날에는 하나님에 대한 경외심과 믿음을 더욱 중히 여겼다. 역사는 하나님께서 진노와 은혜로 세상을 통치하신다는 것을 알려 주며, 기도할 것을 경고한다고 주장했다.

성자 추모의 일부분인 매일의 기념제를 통해 그는 핵심이되는 구원 사실은 물론 민중의 역사와 개인의 삶에 내재하시는 하나님의 존재를 규칙적으로 생각하게 되었다. 멜란히톤은 적극적이고 책임 있게 행동할 수 있는 신앙과 확신을 얻었다.

"아침에 기도와 성서 봉독이 끝난 뒤 자네들은 달력을 바라보아야 한다." 멜란히톤은 1540년대와 1550년대 주일마다 행했던 해석적이자 교훈적인 강연에서 학생들에게 이렇게 가르쳤다. 자신이 오랜 세월 아침기도마다 행했던 것을 학생들에게도 권했고, 나아가 대학 조례에까지 규정해 놓았다.

늦어도 1544년 이후, 멜란히톤은 개신교 달력을 만들어 배포해야 한다고 생각했고, 이를 실행에 옮기려 했다. 즉 달력과 역사, 전례역년[6]과 교회사가 서로 연결되고, 연구와 경건 실천에 함께 유용한 달력을 제작하려 한 것이다.

멜란히톤은 이런 달력이 만들어지기를 간절히 바랐지만 자신이 인쇄하려 하지 않았고 적합한 제자가 나타나기를 기다렸다. 1540년대 말 파울 에버[7]가 이 작업을 맡아,《칼렌다리움 히스토리쿰Calendarium historicum》첫 판을 1550년에 냈다. 단순하며 풍부한 사실을 담은, 멜란히톤의 역사적·종교적 매일 기념제에 완전히 부합하는 달력이었다.

에버의《칼렌다리움》은 학자들이 이용할 수 있도록, 고대에서 사용했던 날과 달의 다양한 명칭들, 천문학에 관련된 것, 성서와 교회사 및 세속사에 나오는 이름과 원래의 매일 기념제를 위한 사건들을 담았다. 일반 역사적 사건이 지배적이지만, 성서적 인물과 사건들(노아의 방주 등) 및 교회사의 중요한 인물들(교황 그레고리우스 대제, 요하네스 후스 등)도 적혀 있다. 좁은 의미에서의 성자들은 성녀 안나(7/26), 성녀 바르바라(12/4), 성 베르나르(8/20) 등만 언급되었다. 3월 10일에서 27일까지는 그리스도의 수난사와 부활사가 상세히 기록되어 있다.

루터가 논제를 게시했던 날과 그의 삶의 궤적도 당연히 기입되었고, 비텐베르크 학자들의 인생에서 중요한 날짜들, 즉 멜란히톤의 생일 등도 있다. 에라스무스의 생일도 빠지지 않았다. 이후 출판된 판에는 요하네스 에크의 생일과 사망일도 적혀 있다. 1535년 뮌스터 정벌 기념일에는 다음과 같은 설명도 있다. "하나님께 기반을 두지 않은 권세는 하나님께 축복받지 못한다. 그리스도를 적으로 삼는 자는 영생을 얻지 못할 것이다."

루터를 개신교의 새로운 성자로 추앙하는 것은 그가 살아 있을 때부터 시작되었다. 1521년 스트라스부르의 예술가 한스 발둥 그린[8]이 완성한 목판화를 보면 루터에게 후광이 있다. 훗날 후광은 없어졌지만, 가톨릭의 성자숭배와 비견될 루터 숭배는 계속되었다. 루터의 삶은 전설이 되어 오늘날까지도 전승되고, 그의 어록은 오늘날도 인용된다. 그의 삶에 특별한 장소와 사건이 있었던 곳들, 특히 바르트부르크 성에 있는 그의 방과 비텐베르크에 있는 그의 거실은 보존되어 이미 16세기 후반부터 방문객들을 끌어들였다. 방문객들은 벽에 자신들의 이름을 새겨 길이 남기려 했다.

루터가 유일한 개신교 성자는 아니다. 17세기에는 30년 전쟁 중 개신교의 기사였던 구스타프 아돌프[9]가, 18세기에는 경건주의의 카리스마적 인물들이, 그리고 20세기에는 디트리히 본

회퍼와 마르틴 루터 킹이 추가되었다.

'나는 삶과 작별했으면 한다'

1540년대 접어들어 멜란히톤은 인생 최대의 위기에 빠졌다. 큰 병이 찾아왔고, 우울증에 빠져 자살까지 생각했다. 그 배경에는 필리프 폰 헤센 즉 헤센 방백 필리프의 중혼 및 멜란히톤의 딸 안나의 결혼과 관련한 그의 처신과 죄책감이 깔려 있다.

필리프 폰 헤센은 종교개혁 진영에서 아주 중요한 지도자였다. 확고한 신념을 가진 개신교도였던 그는 막강한 군사력을 갖추었고 스웨덴과도 접촉하고 있었다. 크리스티나 폰 작센[1]과 결혼한 그는 이 정략결혼에 만족하지 못했다. 당시 제후들은 사랑이 아니라 권력을 유지하고 확장하기 위해 결혼을 하곤 했다. 필리프에게는 애첩들이 있었는데, 이는 16세기 제후에게 특별한 일이 아니었다. 그러나 필리프는 양심의 가책을 느껴 성찬에 참여하지 않았다. 결국 16년간의 결혼생활 뒤에는 애첩들도 그의 욕구를 충족시키지 못했다. 그는 17세의 궁녀[2] 마르가레테 폰 데어 잘레를 연모했고, 마르틴 부처의 조언을 받아 루터와 멜란히톤에게 상의를 해왔다. 두 비텐베르크 신학자는 1539년 12월, 헤센 방백 필리프의 비밀스러운 중혼을 허락했다. 성서에 따르면 중혼은 금지되어 있지 않다, 족장들도 여러 아내를 거느렸다,

엄격하게 금지된 것은 여인들이 여러 남편을 두는 것이다 등 성서를 들어 근거를 댔다. 1540년 3월, 방백 필리프는 헤센 북동쪽의 도시인 로텐베르크 안 데어 풀다에서 성대하게 두 번째 결혼식을 거행했다. 멜란히톤이 증인으로 참석했다. 목회자로서 결혼을 지지해 준 것에 대한 감사의 표시로 루터는 라인와인 1푸더[3]를 받았다.

그러나 이 일은 비밀에 부칠 수 없었다. 격렬한 항의와 지탄의 목소리가 퍼져 갔다. 제국법에 따르면 중혼자는 사형에 처해지기에 필리프는 목숨을 구하기 위해 황제와 타협해야 했고, 1541년 황제와 계약을 맺었다. 대외적으로 더 이상 새로운 동맹을 맺지 않으며, 이 합의를 어기는 경우 황제를 대적하는 것이라는 내용이었다. 이로 인해 개신교의 정치적·군사적 힘은 결정적으로 약화되었으며, 이는 5년 뒤인 1546년 황제가 전쟁을 도발한 이유 중의 하나가 되었다.

중혼을 지지했던 멜란히톤은 곧 큰 위기에 빠졌다. 거리낌 없는 루터와 달리 멜란히톤은 자신의 태도를 후회했으며 개신교에 정치적·도덕적으로 큰 손실을 끼쳤다고 생각했다. 몇 주 후, 도저히 감당할 수 없는 근심과 두려움이 그를 엄습했다. 결국 그는 병에 걸리고 말았다. 그것도 중병에.

1540년 6월, 멜란히톤은 알자스 지방의 하게나우로 여행을 떠났다. 종교회담을 위해서였다. 멜란히톤의 몸과 마음 상태는 이 여행을 감당할 수 없었다. 그는 비텐베르크에서 작별인사를 했다. "저는 종교회담에서 살았습니다. 이제 종교회담에서 죽으려 합니다." 죽음이 기다린다는 의미가 명확히 표현되어 있다. 그러나 그는 종교회담이 열리는 하게나우까지 갈 수조차 없었다. 가는 도중이었던 바이마르에서 '영혼의 고통'이 육체의 기력까지 소진시켜 버렸다. 마지막 힘을 다해 그는 루터에게 편지를 썼다. 상황이 심각했다. 멜란히톤은 가만히 누워서 죽음을 기다렸다.

깜짝 놀란 루터는 친구들과 파울 에버, 유스투스 요나스와 곧바로 바이마르로 달려가 함께 목회를 하며 중병이 든 환자를 살리려 안간힘을 썼다. 한 주 정도가 지난 뒤 루터는 아내에게 보내는 편지에 "거의 죽은 상태였는데 나사로처럼 죽음에서 부활했다"고 썼다. 루터는 이 상황을 하나님께서 기도를 들어준 사건으로, 기적으로 해석했다. 그는 이후에도 이 사건을 자주 언급했으며, 이를 늘 죽은 자의 소생과 비교하곤 했다. 멜란히톤의 회복은 기도를 통해 이뤄진 것이라고 그는 입버릇처럼 말했다. 멜란히톤의 생명을 구한 것은─훗날 되풀이해서 말하듯이─루터의 끊임없는 간청이 한 인간을 죽음에서 구한 몇 안 되는 경험 중의 하나였다.

바이마르에 있던 멜란히톤은 중병에 걸렸을 뿐 아니라, 더 이상 살고 싶은 마음도 없었다. 마음속에 빗장을 지른 그는 먹지도 마시지도 않았다. 루터가 한 역할은 삶에 지친 멜란히톤이 다시 삶을 준비하게 한 것이다. 그것은 하나님의 도우심으로만 가능한 일이었다. 멜란히톤 자신도 이때를 회상하면서 오직 '하나님의 섭리'를 통해서만 죽음에서 다시 삶으로 돌아온다는 것을 알았다. 그는 "내가 죽지 않고 살아서 여호와의 행사를 선포하리로다"라는 시편 118편 17절 말씀이 벽에 쓰여지는 환상을 보았고, 거기서 새로운 힘을 얻었다 했다. 하나님이 자신을 죽음에 내버려 두지 않으신다는 것을, 살아서 하나님이 맡기신 사명으로 복음을 전파해야 한다는 것을 알았다. 이후 멜란히톤은 그저 하나님께 감사하며 하나님을 찬양하기 위해서만 살기를 바랐다.

멜란히톤의 자신감은 이후 심각하게 흔들렸다. 필리프 백작의 결혼 사건과 자신의 영혼, 그리고 육체적 증상 사이의 분명한 인과관계를 인식한 것이다. 종교회담을 위해 떠났다가 그렇게 중병이 들었다는 사실이 그의 능력의 한계를 인식시킨 것이다. 결국 멜란히톤의 의지는 꺾였다. 죽기를 원했지만 그래서는 안 되었기 때문이다.

따라서 멜란히톤이 이 사건 직후 새롭게 열린 삶을 감사하면서도 다시 받은 삶의 의미와 목적에 질문을 던진 것은 당연했다. 그는 사건의 결말과 하나님께서 이후 자신에게 무엇을 바라시는지를 질문했다. 이제 다시 삶의 목표가 선명해졌다. 하나님의 영광 외에 어떤 것도 하지 않을 생각이었다. 그가 이때부터 늘 강조했듯이, 가르치고 기도하는 것이 삶의 과제가 되었다. 기도에, 그리고 하나님을 찬양하려 몰두한 학문에 의미가 있음을 깨달았다. 그는 정치가와 거리를 두었고 종교문제에 관한 협상에는 관심을 두지 않았다.

그러나 얼마 지나지 않아 멜란히톤은 또다시 커다란 위기를 맞는데, 불행한 결혼을 한 딸 안나 때문이었다. 이 사건은 그의 신학과 그의 깊은 신앙 실천을 위해 결판이 나야만 했다.

안나는 멜란히톤과 카타리나 사이의 맏딸로 1522년 비텐베르크에서 태어났다. 14세였던 1536년, 안나는 부모의 뜻에 따라 멜란히톤의 수제자 중의 하나였던 시인 게오르크 자비누스[4]와 결혼했다. 자비누스의 원래 성은 슐러였고, 브란덴부르크 출신이었다. 그는 이미 1523/1524년부터 멜란히톤의 집에 살고 있었고, 1529년에는 슈파이어로, 1530년에는 아우크스부르크로 스승 멜란히톤을 따라갔다. 1534년, 안나가 열두 살이었을 때 두 젊은이는 양가 부모의 권유에 따라 약혼했다. 자비누스는 안나보다 열네 살 위였다.

안나의 결혼은 불행했다. 남편은 경박하게 처신했고, 빚을 진 데다가 교회 일에는 별 관심이 없었다. 부부는 서로 이해하지 못했고 많이 다투었으며 별거가 잦았다. 설상가상으로 자비누스는 안나와 그녀의 부모를 탓했고, 아내가 다툼을 좋아하며 멍청하고 부정을 저질렀다고 비난했다.

결혼한 지 얼마 되지도 않은 1537년부터 시작된 딸의 역경은 멜란히톤에게 인생 최대의 위기를 가져다주었다. 1537-1547년까지 딸의 결혼 때문에 겪었던 고통은 친한 친구, 특히 파이트 디트리히와 요아힘 카메라리우스에게 보낸 편지에서 볼 수 있다. 멜란히톤은 11년 동안 지칠 대로 지쳤고, 이 불행이 자신의 탓이라며 죽고 싶어 했다. 1543년 10월, 현실에 부딪쳐 삶에 염증을 느낀 그는 다음과 같이 말했다. "나는 삶과 작별했으면 한다 Cupiam ex hac vita discedere." 그리고 1544년 7월에는 자살까지도 생각했다. 불면증, 발진, 비장 통증, 결석과 같은 온갖 심신 장애를 겪으며 그는 이러한 질병과 영적인 고통의 관계를 정확히 통찰하고 있었다.

1544년, 심적 부담은 최고조에 달했다. "이번 해는 여러 가지로 나를 괴롭히고 있다 Hic annus me varie exercuit"고 멜란히톤은 그해 9월 말 파이트 디트리히에게 편지를 보내 딸의 비참함을 알렸다. 그해 1월, 보상과 화해의 의미에서 멜란히톤은 쾨닉스베르크에 신설된 대학 학장으로 자비누스를 추천하는 편지를 썼다. 사실 자비누스가 적합하다고 생각하지는 않았으나 그해 5월, 자비누스는 이에 대해 감사를 표하면서 라이프치히에서 안나에게 거짓 사랑의 편지를 보냈다. 훗날 안나에게 간통의 책임을 뒤집어씌우려는 의도였다. 이 때문에 당사자들은 물론 멜란히톤까지 이혼을 고려하게 되었다. 멜란히톤은 이것이 이미 8년이나 끌어온 갈등을 해결하는 최선책이라 생각했다. 그러나 자비누스는 결국 이혼하지 않았다.

자비누스는 쾨닉스베르크 대학 초대 학장으로 임명되었다. 이로써 멜란히톤에게는 또다시 큰 근심이 생겼다. 이미 7월 초부터 두통을 호소했는데 딸이 가버렸기 때문에 생긴 병이었다. 7월 초에 안나와 자비누스는 멀리 떨어진 쾨닉스베르크로 떠났다. 그곳에서도 부부 사이는 썩 나아지지 않았고, 전반적인 생활 여건이 조금 나아졌을 뿐이었다.

아버지는 딸의 운명이 너무나 고통스러웠다. 그러나 편지와 기도밖에는 방법이 없었다. 멜란히톤은 이후 딸을 다시 만나지 못했다. 그녀는 쾨닉스베르크에서 1547년 2월, 여섯째 아이를 출산한 직후 24세의 나이로 사망했다. 한 달이 지나서야 멜란히톤은 딸이 죽었다는 소식을 들었다. 이미 몇 주 전부터 수차례 딸이 꿈에 나타났는데 딸이 아픈가 보다고 생각했다. 눈물이 그렁그렁한 안나가 자기 앞에 서 있었기 때문이다.

1544년 12월, 멜란히톤은 제자이자 친구인 뉘른베르크의 설교자 파이트 디트리히에게 라틴어로 편지를 썼고, 인간의 고통의 원인과 진정한 위안의 원천이 무엇인지 이야기했다. 그는 1544년 10월 중순 이후 나온 《신약총론》 신판에서 이 문제를 '주의 깊게' 다루었음을 상기시켰고 설명하듯 덧붙였다. "나는 정말 극도의 고통 속에서 서술했다네, 내 딸이 겪는 말할 수 없이 슬픈 운명 때문에 고통을 당하며 말일세." 이 편지는 '하나님께서 자네와 나와 함께하시기를'이라는 짧고 절박한 기도로 끝을 맺는다.

고통 받는 자였던 멜란히톤은 1540년대에 고통에 대해 서술했다. 따라서 딸의 인생과 관련된 멜란히톤의 고통과 그의 교의학적 교과서에 드러나는 수난 신학, 이 두 가지를 관련지어 고찰해야 한다.

멜란히톤에게 이 주제가 어떤 의미가 있는지는 논문의 양에서 선명히 알 수 있다. 그는 신론이나 예정론보다 세 배나 많은 분량을 이 주제에 할애했다. 교회론 역시 그에 비하면 극히 분량이 적었다. 그는 고난의 원인을 물은 뒤, 그 원인으로 원죄와 인간 본성의 나약함과 사탄을 들었다. 교회와 믿는 자들이 어째서 하나님을 믿지 않는 사람들보다 더 고난에 직면하는지를 물었다. 그리고 왜 고난이 성도의 삶에 속하는지 일곱 가지 이유를 들었는데, 그중 두 가지를 보자면 교회가 그것을 통해 고통 받는 하나님의 아들과 같이 되며, 또한 믿음이 무엇인지 빛나는 본보기가 된다는 것이다. 끝으로 그는 다섯 가지 '위안의 근거'를 들었는데, 그중에는 고통 받는 자에게 약속하신 하나님의 도움과 기도의 능력도 있다.

멜란히톤은 자신의 위안론을 통해, 고난의 원인 및 그 목표라는 관점에서 고난을 이해시키려 했으며, 고난을 어떻게 유익하게 변화시킬 수 있는지 보여 주고자 했다. 그는 고난을 부정하지도 이상화하지도 않았으며, 그저 객관적이자 사실적으로 관찰했다. 구약에 나타난 고난의 신앙을 시편에 따라 펼쳐 보이기도 했지만 그리스도론으로 그것을 보충했고, 종교개혁의 핵심 사상을 통해 새롭게 만들어 갔다.

멜란히톤의 신학과 삶은 분명히 일치한다. 그는 자신과 타인의 종교적 경험을 신학의 재료로 사용했다. 그의 저술 대부분은 이러한 경험에 기초를 두고 있고, 이들을 통해 다른 것을 인정하게 되었다. 그의 가르침과 그 삶은 일치했다.

친구의 아내에게 헌정한 《신학총론》

멜란히톤은 1521년에 첫 신학 교과서를 출판했는데, 이 책은 평생 그와 함께했다. 새로운 판이 나오면서 내용은 거듭 늘어났다. 멜란히톤은 종교개혁이 진행되는 동안 새롭게 제기된 문제들을 추가하는 식으로 답변했다.

1543/1544년 세 번째이자 마지막으로 그는 이 교과서를 완전히 개정하여 내놓았다. 부분적으로는 1535년에 나온 두 번째 간행본을 참고했지만 상당 부분을 새로 썼다. 그 결과 1535년 판의 두 배나 되는 분량의 책이 완성되었다.

멜란히톤은 죽기 직전까지 계속 판을 거듭하면서 내용을 수정했다. 멜란히톤이 만든 성숙한 신학의 마지막 단계를 보고 싶다면 세 번째 판의 마지막 수정본인 1559년판을 봐야 한다. 이 책의 독일어 번역본은 현재 발췌본밖에 없다.

1552/1553년에는 멜란히톤이 독일어로 쓴 《신학총론》이 나왔다. 라틴어판의 번역본이 아니라, 간략하게 요약한 것으로서 대중 독자층을 고려한 판이다. 언어의 선택은 종교개혁가들이 신중하게 검토했다. 이미 1522년 이후 《신학총론》 독일어 판들이 출간되었지만 멜란히톤이 번역한 것은 아니었고 게오르크 슈

팔라틴[1]과 유스투스 요나스가 번역을 맡았다.

특이한 것은 멜란히톤이 이 책을 특정 여성에게 헌정했다는 것이다. 그 여인의 이름은 안나 카메라리우스로, 멜란히톤의 친구 요아힘 카메라리우스의 아내였다. 멜란히톤은 안나의 교양에 경탄했다. 신학 교과서가 여성에게 헌정된 것은 이것이 첫 경우였고, 앞으로도 유일무이한 사건으로 남을 가능성이 많다.

안나 카메라리우스의 본명은 안나 트루흐제스 폰 그륀스베르크이다. 뉘른베르크 근방 출신으로 1527년에 요아힘 카메라리우스와 결혼했다. 1528-1546년까지 아들 다섯과 딸 하나를 낳은 그녀는 멜란히톤과 편지를 주고받았는데 현재 남은 것은 없다. 1546년, 제삼자에게 보낸 편지를 보면 그녀가 멜란히톤에게 편지를 보냈다는 사실을 알 수 있다. 멜란히톤은 1531년에 친구에게 보내는 편지에서 안나의 교양을 칭찬했다. 어쩌면 자기 아내에게 없는 점을 그녀에게서 발견했는지도 모른다. 안나 카메라리우스는 비텐베르크에서 책들을 구매해 거주지인 라이프치히까지 가져가기도 했다. 그녀는 1573년에 사망했다.

교리문답서 풍의 《평신도 교의Laiendogmatik》는 라틴어 《신학총론》을 모범으로 했다. 독자 스스로 생각하게 하고, 이런 형식을 통해 개신교 교리를 설명한다. 이 책은 성서를 계속 인용하는데, 이를 보면 멜란히톤이 성서를 옆에 둔 독자를 염두에 둔 것은 아니었다. 각 조항은 하나의 정의로 시작되고 긴 설명이 뒤따른다. 멜란히톤은 성서, 역사 및 신학 권위자들의 저술들을 이용했다. 안드레아스 오지안더, 토마스 뮌처[2], 재세례파 교인들과 트렌토 공의회와의 공격적 논쟁이 벌어졌다.

독일어판 《신학총론》이 마지막으로 인쇄된 것은 1558년이다. 1555년, 멜란히톤은 독일어판 《신학총론》이 라틴어판보다 낫다고 했다. 그는 이 책에 제시된 믿음의 숙고를 매우 흡족해했다. 이 책은 그의 신학적 유언장이라 볼 수 있다. 멜란히톤이 후기 라틴어 저술보다 이 책에 훨씬 큰 비중을 둔 이유일 것이다.

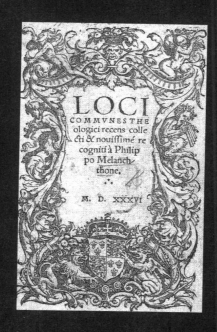

《신학총론》의 표지

1521년에 첫 출간되어 라틴어와 독일어로 여러 번 개정되었다. 칼뱅의 《기독교 강요》보다 15년 앞서
종교개혁 신학을 체계화한 작품으로 루터는 자신의 지지자들에게 성서와 함께 《신학총론》을 읽으라고
권했다. 위 표지는 한스 홀바인이 제작한 1536년 판이다.

루터의 죽음

루터는 1521년부터 선제후국 작센에 발이 묶여 있었다. 파문 당하고 법적 보호를 박탈당했기에 긴 여행은 가능하지 않았다. 1529년에는 마르부르크에, 1530년에는 코부르크 성에 간 적이 있으나 그 외에는 멜란히톤이 종교개혁의 '외교관'으로서 임무를 수행했다.

　　루터는 비텐베르크에서 꾸준히 교수의 임무를 다했고, 성서를 번역했다. 정기적으로 설교했고, 여기저기서 일어나는 종교개혁 논쟁에 저술을 통해 적극 개입했다. 수많은 편지와 평가서를 썼고, 이를 통해 영향력을 행사했다. 루터의 생애 후기의 방대한 작업은 구약을 히브리어에서 독일어로 번역하는 것이었다. 1534년 번역이 끝나 루터 성경이 완성되었다. 병이 깊어지고, 초조하고 화를 잘 내는 성격으로 바뀐 루터는 1546년 2월 18일 이른 아침 아이스레벤, 우연히도 자신이 태어난 곳에서 사망했다. 그는 그곳에서 일어난 분쟁을 조정하러 갔던 참이었다. 그의 시신은 비텐베르크 성城 교회에 안장되어 오늘날에도 그의 무덤을 볼 수 있다.

　　개신교 정신을 이끌던 지도자가 사라졌다. 루터가 살아 있을 때는 그의 종교개혁 운동이 거의 완벽하게 결속되었다. 그러나 이제 루터파 내부에서 갈등이 생길 수밖에 없었다. 루터의 추종자들은 곧바로 각자의 입장을 내세우며 자신들이야말로 진정 루터를 대변한다고 주장하고 나섰다. 큰 인물이 사망하면 흔히 일어나는 일이다.

루터가 사망한 지 나흘 뒤 멜란히톤은 비텐베르크 성 교회에서 추도사를 했다. 그는 아담부터 예언자를 거쳐 사도와 가까운 시기까지 이어지는 하나님의 위대한 증인들을 언급하며 이 반열에 루터를 세웠다. 멜란히톤은 독특하게도 중세의 위대한 인물로 아우구스티누스, 아키텐의 프로스페르[1], 고백자 막시무스[2], 성 빅토르 후고[3], 클레르보의 베르나르와 요하네스 타울러[4]를 언급했다. 또 교회사의 '위대한 인물'들을 강조하면서 이사야, 세례 요한, 바울, 아우구스티누스 그리고 루터까지 다섯 명을 언급했다.

멜란히톤에게 루터는 복음의 빛을 새롭게 하고 교회를 모으기 위해 하나님이 보내신 도구였다. 교회가 루터에게 감사해야 할 것이 있는데, 회개론의 복구, 바울의 칭의론, 율법과 복음의 구분, '꼭 필요한 행위들'과 인간의 예식 및 규범 사이의 구별, 성서 번역과 성서 해석이다. 멜란히톤은 루터가 기도를 새롭게 가르쳤다고 강조했고, 루터가 시편을 가지고 매일 기도한 내용을 상세히 언급하면서 루터를 기도의 모범이라고 강조했다.

루터의 약점 또한 서슴지 않고 거론되었는데, 선의를 가진 사람들이 ─멜란히톤은 분명 에라스무스나 로이힐린, 빌리발트 피르크하이머 등을 생각했을 것인데─ 루터가 너무 거칠지 않은가 질문했던 일도 상기시켰다. 멜란히톤은 사적인 편지에서와 달리 개인적이고 공개적인 판단은 삼갔다. 그러나 루터를 위해 이해해 달라고 했다. 하나님의 도구는 다양하며 모든 인간은 실수한다는 사실을.

멜란히톤은 개신교도들이 이러한 상황이라고 규정했다. "우리는 아버지를 빼앗긴 버려진 고아와 같습니다." 그리고 미래를 예견한 듯 다음과 같이 덧붙였다. "위대한 지도자의 죽음은 종종 뒤에 올 갈등을 예고합니다." 결국 그런 상황이 왔다. 멜란히톤은 몰랐지만, 황제는 이미 종교개혁에 맞서 전쟁을 준비하고 있었다.

전쟁과 망명

1545년 5월 이후부터 황제 카를 5세는 개신교도들을 겨냥해 전쟁을 벼르고 있었다. 종교회담은 속속 결렬되었고, 일시적이나마 프랑스와 오스만 제국에 신경 쓸 필요가 없었기에 황제는 제국 내에서 거칠 것이 없는 상황이었다. 작센과 함께 가장 강력한 개신교 세력이던 헤센의 방백 필리프는 중혼 때문에 이미 오래전에 영향력을 상실했다. 1545년 봄과 여름, 보름스에서 열린 제국의회는 성과 없이 끝났다. 개신교도들은 갓 시작한 공의회 참석을 거부했다. 황제가 볼 때는 전쟁밖에 남은 것은 없었다.

1545년 6월, 교황은 황제에게 4개월간 1만 2천5백 명의 군사를 보내고, 교회의 재산으로 재정적 도움도 주겠다고 약속했다. 1546년 1월부터 3월까지 레겐스부르크에서 다시 한 번 종교회담이 열렸다. 멜란히톤은 참석하지 않았다. 개신교도들은 성과 없이 진행되는 협상을 중단하고 집으로 돌아갔다.

황제는 전쟁 동맹을 집중적으로 강화시켰고, 구교를 믿는 바이에른 지역과 협상을 맺었으며, 여러 개신교 제후들, 즉 한스 폰 퀴스트린[1] 방백, 알브레히트 알키비아데스 폰 브란덴부르크 쿨름바하[2] 방백과 특히 모리츠 폰 작센[3]을 개신교에서 떼어 내

려 했다. 모리츠 폰 작센은 선제후의 지위와 영토 확장을 약속받고는 황제 편으로 돌아섰다.[4]

1546년 6월 5일, 레겐스부르크에서 황제가 참석한 가운데 제국의회가 열렸다. 6월 16일, 황제는 더 이상 간과할 수 없는 군사적 긴장에 직면하여 불순종하는 제후들에게 군사적 조치를 취하겠다고 선포했다. 그리고 7월 20일, 작센과 헤센은 신성로마제국에서 추방된다는 포고가 내려졌다.

첫 번째 대규모 전쟁이 일어난 곳은 남부 독일이었다. 작센 선제후가 도나우 강 유역에서 황제와 싸우는 동안, 11월에 모리츠 대공이 방어가 허술한 이웃 나라로 쳐들어갔다. 1546년 말, 황제는 남부 독일의 주인이 되었고 북쪽으로 진격할 수 있었다.

1547년 2월에는 화해의 노력이 있었다. 멜란히톤이 이를 지지했고 선제후에게 신중을 기하도록 경고했다. 그러나 선제후는 자신의 운을 믿고 승리를 기대했다. 엘베 강가의 뮐베르크 근처에 있는 로하우 초원에서 결정적인 전투가 있었다. 선제후 요한 프리드리히는 패배하여 포로가 되었다. 사형선고가 내려졌지만, 황제는 이를 집행하지는 않았다. 그 결과 1547년 5월 19일, 비텐베르크 항복 조항에 서명이 이루어졌다. 1547년 6월 4일, 모리츠 대공은 비텐베르크와 작센의 선제후 자격을 얻었다. 이제부터 '작센 선제후'를 말할 때는 알브레히트 파의 작센을 말하는 것이었다. 더 이상 에른스트 파가 지배하는 종교개혁 국가가 아닌 것이다. 6월 19일에는 필리프 폰 헤센도 항복했다. 그 역시 포로로 잡혔다. 1547년 5월 23일, 승승장구하던 카를 5세는 비텐베르크에 입성했다. 종교개혁이 시작된 도시, 종교개혁의 와중에 일어난 많은 문제가 출구를 찾은 도시로. 황제 카를은 성 교회로 가서 1521년 이후 보지 못했던 루터의 무덤 앞에 섰다. 당시는 '이단자'의 무덤을 파헤쳐 시신을 화형에 처하는 일이 비일비재했다. 그러나 황제는 그러지 않았다. 사람들이 화형을 제안하자 그것을 거부하는 고귀함을 보여 주었다. 전하는 말에 따르면 "나는 살아 있는 자와 싸우지 죽은 자와 싸우지 않는다" 했다 한다. 실제로 한 말인지 아닌지는 알 수 없으나 이 말은 그의 생각 및 행동과 일치했다. 루터의 무덤을 오늘날까지 볼 수 있는 것은 그의 가장 큰 적수였던 카를 5세 덕분이었다. 츠빙글리나 칼뱅의 경우에는 가능하지 않은 일이다.

1546년과 1547년은 멜란히톤에게 매우 격동적인 해였다. 그는 일찌감치 전쟁의 위험을 알아차렸다. 교전이 시작되자 그는 개신교도들의 죄를 하나님이 벌하신다고 생각했다. 그러나 사적인 편지에서 멜란히톤은 황제 안에서 악마가 조종한다고 썼고 황제는 결국 실패할 것이라 믿었다. 전쟁이 발발한 지 얼마 되지 않았을 때 그는 꿈을 꾸었는데, 노르트하우젠 시의 서기인 친구 미하엘 마이엔부르크[5]와 함께 레겐스부르크의 한 골목길을 서성대다 어떤 남자가 운하에 빠지는 것을 본 것이다. 가까이 가서 보니 카를 5세였다. 멜란히톤은 그를 구하려 했지만 소용이 없었다. 그는 이 꿈을 친구 파이트 디트리히에게 알렸고, 파이트는 브렌츠에게 다음과 같이 편지를 보냈다. "필리프는 깨어 있는 정신이야. 그가 복받은 꿈을 꾸었다네."

1546년, 멜란히톤과 그의 동료들은 출전하는 작센 선제후와 그의 군대를 위해 기도했다. 이들은 선제후가 선한 일을 위해 정당방위를 한다고 확신했다. 적들이 옳은 가르침을 부정하고자 먼저 전쟁을 시작했기 때문이다. 그들은 하나님이 선제후와 함께하시고, 선제후가 하나님의 전쟁을 이끌기를 기도했다. 멜란히톤은 하나님께서 개신교 교리를 보존하시고 황제는 자신의 목적을 달성하지 못할 것이라 굳게 확신했다. 당연히 멜란히톤에게서는 전쟁을 경시하거나 찬미하는 모습을 찾아볼 수 없다. 그는 전쟁에서 '아주 커다란 고통'을 보았다.

교전이 점차 확산되자 멜란히톤은 개신교 교구가 붕괴되고 제국이 몰락할까, 교육이 쇠퇴하여 야만으로 돌아갈까 겁이 났다. 행동반경이 좁아졌기 때문에 할 수 있는 것은 오직 기도뿐이었다. 극적인 사건이 진행되던 수개월 동안 그는 평화를 위해, 교회의 보존을 위해 쉬지 않고 기도했다. 뮐베르크에서 선제후는 패배했고, 멜란히톤은 어떤 꿈을 꾸고 기운을 차렸다. 비텐베르크 성 교회의 예배에 참석한 자신의 모습을 보았고, 목회자가 맑은 목소리로 그리스도의 수난에 대한 익숙한 성경 구절을 봉독하는 것을 들었기 때문이다. 멜란히톤은 지금은 교회가 수난을 당하고 고난에 빠질지라도 복음은 보존될 것이라고 확신하게 되었다.

적군이 점점 다가오고 1546년 11월, 비텐베르크 대학이 문을 닫을 수밖에 없게 되자 그의 동료들이 이미 그랬듯 멜란히톤도 오랜 망설임 끝에 도주했다. 망명지는 체업스트, 마그데부르크, 브라운슈바이크, 기프호른, 아인베크와 노르트하우젠이었다. 그러나 그는 비텐베르크에, 거의 30년간 활동한 대학에, 항상 기도하면서 마음을 두고 있었다.

비텐베르크 대학으로 돌아오다

대학 도시는 전쟁 요새로 개조되었다. 1547년, 시 교회의 탑 윗 부분은 옥상 전망대에 대포를 설치할 수 있도록 철거되었다. 지금도 1556년에 증축된 단순한 모양의 탑 지붕들을 보면 교회 탑이 포격용 탑으로 변한 것을 알 수 있다. 대학생들은 비텐베르크를 떠나라는 요구를 받았다.

이미 1546년 10월, 비텐베르크 대학은 제대로 된 학사 일정이 없었다. 11월 6일, 대학은 문을 닫았다. 모리츠 대공이 츠비카우에서 비텐베르크로 다가오자 거의 모든 사람이 그곳을 떠났다. 멜란히톤은 중립을 지키고 있던 안할트로 가족과 함께 갔다가 나중에 마그데부르크로 옮겨 갔다. 에버 교수와 크루치거 학장과 시 목사 부겐하겐만이 비텐베르크에 남아 있었다.

멜란히톤은 1547년 4월, 사방에 흩어져 있던 비텐베르크 대학 교수들에게 알텐부르크에서 편지를 보냈다. 가능한 한 빨리 다시 대학을 열 생각이니 모두들 다른 대학에서 자리를 제공하더라도 가지 말라는 내용이었다. 비텐베르크가 황제로부터 새로운 선제후에게로 6월에 양도된 이후, 크루치거 학장이 교수들을 다시 불러들였다.

1547년 7월, 교전은 거의 끝났고 멜란히톤은 비텐베르크로 돌아왔다. 새로운 통치자의 지배하에 들어온 것이다. 이 종교개혁가는 돌아오고 싶었고, 이전처럼 비텐베르크에서 가르치고 싶었다. 비텐베르크가 아니면 어디에서도 그럴 마음이 없었다. 직업 보장이 이유는 아니었다. 하이델베르크, 프랑크푸르트 안 데어 오더, 쾨닉스베르크와 코펜하겐으로부터 그 사이에 교수 제의를 받았기 때문이다. 멜란히톤에게는 비텐베르크, 즉 종교개혁과 관련된 일들이 중요했다. 대학은 전쟁을 견뎌냈다. 멜란히톤은 하나님께 감사했다. 하나님께서 자신의 기도를 들어주셨다고 생각했다. 물론 대학은 소유주가 바뀌었고, 새로운 주인은 사실 이 대학이 필요하지 않았다. 이미 라이프치히에 대학을 갖고 있었기 때문이다. 새 주인은 비텐베르크 대학을 폐교시키려고 했는데 어쩌면 정말 그렇게 될지도 몰랐다. 전쟁의 결과 영토가 변경되었고 대학의 수입원도 사라졌기 때문이다. 주요 자금원이 알슈테트 근처와 만스펠트 지역에 있었는데, 이제 이곳은 외국이 되어 버렸다.

　　그러나 멜란히톤은 비텐베르크, 즉 종교개혁의 옛 중심지를 개신교 교리의 확고한 중심지로 보존하고 싶었다. 그는 배반자 모리츠 대공 아래에서도 일할 준비가 되어 있었다. 다른 가능성, 즉 에른스트 파가 다스리는 새로운 작센 공국이 예나에 신설한 대학을 육성하는 것은 일고의 여지도 없었다. 비록 비텐베르크 대학의 대리이자 후계 대학이라고 할 수 있는 에른스트 가문의 새 대학인 예나 대학을 후원하기는 했지만, 그는 비텐베르크 대학에 더 큰 비중을 두었다.

1547년 7월, 라이프치히에서 개최된 신분의회에서 중요한 시도가 있었다. 멜란히톤과 그의 동료들이 라이프치히와 비텐베르크의 재정을 지원해 달라고 진정서를 제출한 것이다. 그들은 선제후령 작센 영토 내의 정신적 감독을 위해 비텐베르크는 반드시 필요한 장소라고 주장했다. 또한 그곳에서 선제후령 브란덴부르크, 슐레지엔, 보헤미아와 헝가리의 목사 취임식이 열린다는 사실도 언급했으며, 비텐베르크가 관련된 성서 번역과 도시 안에 있는 선제후들의 무덤을 상기시켰다. 새 선제후는 비텐베르크를 보존하겠다고 약속했다. 그러나 재정 협상은 1548년까지 시간을 끌었다.

비텐베르크 대학을 계속 보존하겠다는 모리츠 대공의 결정은 멜란히톤이 전력을 다한 덕분이었다. 프로이센이 1817년에 대학 문을 닫을 때까지 이 대학은 유지된다. 멜란히톤의 개입은 성과가 있었다. 학생 수가 계속 증가했다. 1533–1537년, 즉 루터 시절에는 1,199명이 등록했던 반면, 1548–1552년에는 두 배 이상인 3,041명이 등록했다. 1568년에서 1572년 사이 종교개혁의 도시 비텐베르크의 등록 대학생은 3,540명이나 되었다. 더욱 중요한 사실은 잠정 협약 시기 내내 비텐베르크에서 개신교적 교육이 이뤄졌다는 것이다. 이 역시 멜란히톤의 공이다. 선제후령 작센의 두 대학 비텐베르크와 라이프치히는 멜란히톤의 정신에 근거를 둔 대학들이었다. 이와 반대로 예나 대학에는 루터보다 더 루터적이고자 하는 루터주의가 자리를 잡았다.

아우크스부르크 잠정협약과 '라이프치히 잠정협약'

1547년 9월부터 1548년 6월까지 또다시 아우크스부르크에서 제국의회가 열렸다. 이 회의는 '무장한 제국의회'라고도 부르는데, 이 회의의 특성을 적절하게 표현했다고 볼 수 있다. 개신교도가 누렸던 관용의 시기는 완전히 사라졌다. 간단히 말해 가혹한 시기였다. 그러나 구교도 역시 황제의 의지에 따라 무리한 요구를 짊어져야 했다.

카를 5세는 제국 전체에 통용될 종교법을 선포하고자 했다. 이 법은 개신교도에게 몇 가지 지엽적 사항(사제의 결혼, 평신도 포도주 분배, 속죄의 희생제물이 아니라 기념 희생제물 혹은 감사의 희생제물로서의 미사성제, 개인 미사 폐지)을 허락하기는 했지만, 전체적으로 보면 옛 교리에 머물러 있었다. 이때 종교화합을 위해 구교도도 양보했다면 적어도 교회 개혁의 흔적 정도는 남길 수 있었을지 모른다. 그러나 구교도 측 제국 신분대표와 황제가 격렬한 담판을 벌였음에도 이 계획은 관철시킬 수 없었다. 때문에 황제는 새로운 전략을 추구했다. 즉 개신교 지역에만 해당하는 종교법을 공포할 계획이었다. 그 결과 1548년 5월, 세부 조항은 베일에 싸인 법이 제국의회에 제출되었고, 그해 6월, 제국의회의 승인으로 이 법은 효력을 발생했다.

개신교 지역에만 해당하는 이 특별법이 바로 아우크스부르크 잠정협약Augsburger Interim이다. 교회 법규 논쟁이 공의회에서 최종 결정이 날 때까지만 통용되기 때문에 이런 이름이 붙었다. 스스로의 힘으로는 교회를 다시 통일시킬 수 없을 때마다 황제는 공의회를 소집했다. 공의회를 통해 결정이 날 때까지 개신교도에게는 평신도에게 포도주를 분배할 권한이 주어졌고, 사제가 이미 결혼했을 경우 그 결혼을 허용해 주는 권한도 부여되었다. 그러나 가톨릭의 관습은 물론 칭의는 선물로 주어진 사랑의 결과라는 가톨릭의 교리도 지켜야 했다. 승리한 신분대표들은 공의회를 인정하라고 독촉했고, 개신교 대표자들은 공의회 2차 기간에 참여했다.

멜란히톤은 아우크스부르크 잠정협약을 수용할 수 없었다. 이 협약은 개신교 교리를 더 이상 허용하지 않았기 때문이다. 수많은 평가서를 쓰고 또 인쇄한 그는 자신의 입장을 용감하게 알렸다. 또한 제자와 친구들에게 잠정협약을 거부하라고 편지로 권하기도 했다.

남부 독일 등 많은 지역에서 잠정협약이 철저하게 지켜졌고, 부분적으로는 가톨릭 규범이 원상 복귀되기까지 하였다. 그러나 이제는 교회의 옛 관례를 행할 사제들이 충분하지 못해 곤란을 겪는 곳이 많았다. 도처에서 소극적 반발이 일었다. 종교개혁적 사고를 지닌 목회자들은 숨거나 도주하곤 했다. 북독일의 상황은 달랐다. 군대를 갖춘 황제에게서 멀리 떨어져 있었기 때문이다. 황제는 군대와 있는 곳과 충실하고 강력한 동지가 있는 곳에서만 확고한 지위를 누렸기 때문이다. 잠정협약을 수락하지 않겠다고 공개적으로 천명한 곳은 마그데부르크와 스트라스부르였다.

이렇게 복잡한 상황 속에서 목회자, 신학자, 개신교 정부는 신학 윤리와 관련된 문제에 직면했다. 개신교가 패배한 이후 이들에게는 어떤 선택이 가능했을까? 첫째, 복종하고, 잠정협약을 수용하고, 공의회에 희망을 거는 것이다. 뷔르템베르크가 그러했다. 그러나 멜란히톤은 자신의 지역뿐 아니라 다른 곳에서도 이러한 태도를 거부했다. 둘째, 적극적 혹은 소극적 저항이었다. 그러나 적이 더 우세했기 때문에 반짝 일어났다가 사라졌고, 위험했다. 이 때문에 마그데부르크는 포위되었다. 셋째, 목회자와 대학 교수의 경우 도주하거나 잠적한다. 브렌츠, 부처, 오지안더와 많은 사람들은 이 길을 갔다. 그러나 멜란히톤은 이 길을 비난했다. 도주하면 자기 목숨은 구하지만, 교구민들은 포기하는 것이기 때문이다. 넷째, 지역적으로 특별규정, 온건한 잠정협약을 타결하려는 시도다. 멜란히톤은 선제후령 작센과 브란덴부르크에 이 길을 권유했다.

멜란히톤의 목적은 종교개혁의 결과를 보존하는 것이었다. 특히 개신교의 칭의론을 보존하고 가톨릭 미사는 폐지되어야 했다. 그는 다른 영역에서는 양보할 준비가 되어 있었다. 즉 일곱 성사, 성상, 금식, 미사복, 경축일을 인정했다. 그는 이러한 것들을 아디아포라Adiaphora[1])라 부르며, 이들은 선과 악 사이에 놓여 있고, 좋지도 나쁘지도 않으며 중요하지 않다고 여겼다. 멜란히톤은 개신교 교리와 설교를 구하기 위해, 그리고 이미 남부 독일에서 벌어진 상황이 선제후령 작센에서는 일어나지 않도록 외적인 것들은 양보할 준비가 되어 있었다. 한마디로 교리는 개신교적이고 실무는 구교적이었다. 물론 외적인 관례를 통해 내적으로도 민중이 다시 구교로 돌아갈 위험은 있었다.

멜란히톤이 참석한 가운데 라이프치히에서 적절한 규정이 만들어졌다. 아우크스부르크 잠정협약을 피하기 위해 지역 종교법이 계획되었다. 훗날 '라이프치히 잠정협약'이라는 잘못된 표현으로 불리는 이 법은 멜란히톤이 만든 것은 아니다. 그러나 그는 1548년 7월부터 여기에 참여했다. 이 법은 결의안으로서 1548년 12월 라이프치히 신분의회에 제출되었고, 신분대표 위원들 다수의 동의를 얻었다. 그러나 법률상 유효하게 가결되지 않았기 때문에 끝내 효력을 발생하지 못했다. 따라서 아우크스부르크 잠정협약과 라이프치히 잠정협약을 동일한 수준에 놓을 수는 없다.

선제후령 작센의 계획은 계속 추진되지 않았고, 당연히 실행되지도 못했다. 선제후 모리츠가 또다시 새로운 방향을 잡았기 때문이다. 교회에서도 곧 새로운 방향이 잡혔다. 1549년 11월 10일, 황제와 알력이 있던 교황 바오로 3세가 사망했다. 1550년 초, 로마에서는 새 교황 율리우스 3세[2]가 선출되었고, 그는 황제와 좋은 관계를 맺으려고 이미 교황 선거 중에 트렌토 공의회를 다시 소집하겠다고 약속했다. 이로써 갑자기 교회에 통일의 길이 다시 열리는 듯했다.

선제후령 작센의 잠정 협약 계획과 멜란히톤의 참여는 엄청난 저항을 불러일으켰다. 반대자들의 비난이 쏟아졌다. 그들은 멜란히톤이 뇌물을 먹었다고 주장했다. 위대한 종교개혁가이자 신학자를 '비텐베르크의 문법학자(언어교사)'라고 부르며 그의 신학적 지식을 인정하려 들지 않았다. 반대자들이 붙인 '라이프치히 잠정협약'이라는 말도 논쟁을 의도한 것이었다. 이 협약이 모두의 비난을 받은 아우크스부르크 잠정협약과 관계가 있는 듯 만들려는 의도였다. 물론 실제로는 아무 관계가 없었다. 라이프치히 계획은 아우크스부르크 잠정협약을 완화시킨 것이 아니라 근본적으로 다른 것이었다.

1548년부터 논쟁한 결과 멜란히톤의 초기 영향력, 즉 1530년 아우크스부르크 제국의회에서 가졌던 영향력 등은 갈등 때문에 비판적으로 조망되었고 멜란히톤의 명예는 크게 실추되었다. 멜란히톤은 이로 인해 지속적인 피해를 입었으며 오늘날까지도 그에 대한 평가에 영향을 끼치고 있다.

잠정협약과 아디아포라 논쟁은 루터파 내부에서 발생한 첫 신학적 쟁점이었다. 거의 모든 갈등이 어떤 식으로든 멜란히톤과 관계가 있었다. 그는 당사자 혹은 중재자였다.

아디아포라 논쟁

일시적interimistisch 혹은 중요하지 않은adiaphoristisch 논쟁은 1548년
에 시작되었고, 1552년 잠정협약 시기가 끝난 뒤에도 결말이 나
지 않았으며 이후에도 유사한 논제들과 뒤섞였다. '일시적'은 역
사적 국면을 말하며, '중요하지 않은'은 주제를 의미한다. 이는 몇
몇 사람들에게 그러했듯 중요하게 생각된 중요하지 않은 것들의
논쟁이었다.

　　멜란히톤의 맞수이자 논쟁 상대는 당시 베네치아에 속했던
이스트리아 출신의 마티아스 블라치크[1]였다. 그는 1520년, 크로
아티아계 아버지와 이탈리아계 어머니 사이에서 태어나 1575년
에 사망했다. 그의 라틴어 이름은 마티아스 플라키우스 일리리
쿠스로, 루터와 멜란히톤의 제자였다. 1541년에 신앙적 이유로
비텐베르크로 망명한 그는 1544년에 벌써 비텐베르크 대학에
서 히브리어 교수직을 얻었다. 1548년 그는 'Nihil est adiapho-
ron in casu confessionist et scandali' 즉 신앙고백과 분쟁의 문
제에서 아디아포라는 존재하지 않는다고 주장했다. 신앙고백의
문제라면 중요하지 않은 외적 형식이 없다는 것이다. 플라키우
스가 이러한 입장에 서는 것은 어렵지 않았다. 도주자였기에 이

지역의 교회 정치에 어떤 책임도 없었기 때문이다. 그는 교수직을 사임했고, 학생들을 버려둔 채 황제로부터 법적 보호를 박탈당한 도시 마그데부르크로 이주해 버렸다.

1549년 4월, 플라키우스는 멜란히톤에 반대하는 첫 번째 글을 출판했고, 7월에는 더 긴 편지가 인쇄되어 유포되었다. 함부르크의 신학자들과 선제후령 브라운슈바이크-칼렌베르크-괴팅엔의 종교개혁가인 안토니우스 코르비누스도 글을 발표해 플라키우스를 편들었다. 멜란히톤은 1549년, 공개서한으로 이에 맞섰다. 라틴어로 쓰인 이 서한은 일반 대중에게 읽힐 글이 아니었다. 플라키우스가 다시 반박문을 냈지만 멜란히톤은 이에 답변하지 않았다. 물론 문제가 해결된 것은 아니었다.

플라키우스는 천성적으로 논쟁을 좋아하는 인물이었다. 훗날 그의 모습이 이를 잘 보여 준다. 1557년, 그는 작센 에른스트파가 비텐베르크 대학을 대신하여 세운 예나 대학에 자리를 잡았다. 그러나 1561년에 그곳에서 쫓겨나는데, 군주의 교권을 비난했다는 것이 이유였다. 이후 그는 추종자들과도 사이가 나빠졌다. 인간은 근본적으로 사악하며, 원죄는 타락한 인간 본성의 '실체'라고 가르쳤기 때문이다. 이때부터 그는 엄격한 루터파 안에서도 이단으로 취급되었고, 사망한 후에도 교회에 묻히지 못했다. 그러나 플라키우스는 역사학의 선구자로 평가되었고, 오늘날에도 그렇게 평가받고 있다. 그가 쓴 유명한《마그데부르크 시대Magdeburger Zenturien》를 보면 그러하다. 이 책은 최초의 광범위한 교회사 서술이다. 1차 원전을 편찬한 이 책의 편찬 동기를 그는 스승인 멜란히톤에게 돌렸다.

아디아포라 논쟁은 수년 동안 계속되었다. 이 논쟁은 1557년 보름스 종교회의, 1558년 《프랑크푸르트 협정Frankfurter Rezess》과 1559년 《바이마르 논박서Weimarer Konfutationsbuch》에 영향을 주었다. 그러나 이 모든 것은 개신교적인 것과 구교적인 것을 구분하는 신학과 교회 정치상의 거시적 문제에 비하면 그야말로 하찮은 것에 불과했다.

공의회로 가는 길

종교개혁가, 개신교 신분제 의원 및 황제까지도 개혁 공의회를 요구했으나 교황 레오 10세와 하드리아누스 4세는 이를 거부했다. 또한 1523년부터 1535년까지는 종교개혁의 중요한 시기였는데 당시 교황으로 재위한 클레멘스 7세 역시 이를 거부하여 가톨릭교회에 큰 손실을 안겼다. 만일 초기에 개혁 공의회를 열었더라면 종교개혁을 저지할 수도 있었을 것이다. 하지만 클레멘스는 개인적 문제로 교황권을 잃을까 두려워했다. 서자 출신이었기 때문이다. 드디어 다른 교황이 공의회를 인가했을 때는 이미 종교개혁이 널리 확산되었고, 종교개혁가들은 더 이상 교황의 감독 아래에서 개최되는 공의회를 원하지 않았다. 개신교 측은 '자유롭고', '기독교적'인 공의회, 즉 교황이 아닌 오직 성서에만 맞춘 공의회를 요구했다. 1535년, 황제의 압박을 받은 교황 바오로 3세는 만토바 공의회를 소집했다. 그러나 참석자가 부족하여 개최되지 못했다. 멜란히톤은 참석에 찬성하는 소수 개신교도 중의 하나였다.

1542년 12월 1일, 바오로 3세가 다시 공의회 소집을 시도했으나 또다시 지체되어 꼬박 3년이 지난 1545년에야 트렌토에서 공의회가 소집되었다. 당시 트렌토는 독일에 속했으나 지리적으로는 로마에 더 가까웠다. 이는 상징적인 의미인 동시에 연락로 역할이라는 실질적 측면도 있었다. 황제와 교황은 공의회에서 동상이몽을 했다. 황제는 교회와 제국의 통일을 위해 교회개혁을 이루고자 했고, 교황은 개신교에 대한 유죄 판결을 재삼 확인하려 한 것이다.

트렌토 공의회는 스페인과 이탈리아 주교들의 손아귀에 들어가 있었으며 독일은 그저 체면만 유지하고 있었다. 주교 사이에는 주교 중심주의자와 교황청 파벌이 있었다. 이들은 교황의 지위 문제에서 의견이 달랐다. 토마스 학파의 학자[1](도미니크회 수도사)들과 스코투스 추종자[2](프란체스코 파)들은 신학적으로 대립했다.

1545-1547년, 바오로 3세의 주도로 열린 첫 기간 중 개신교 측은 아무도 참석하지 않았다. 개신교 교리를 정면으로 거부하는 교의학 법령들이 가결되었다. 이들은 현재까지 영향을 끼칠 정도로 강력한 효력이 있으며, 교회 분열의 근본 요소이다. 1547년 3월, 교황은 공의회를 볼로냐로 옮겼다. 독일 내에서의 군사적 성공으로 더 힘을 키운 황제가 공의회에 영향력을 미치지 못하게 하려는 의도였다. 그러나 공의회는 곧 해산되었는데, 전쟁의 결과 이제 공의회가 필요 없는 듯했기 때문이다. 개신교는 패배했고 판결조차 필요 없었다. 이로써 교회를 개혁하자는 부르짖음도 완전히 사라졌다.

두 번째 기간인 1551년–1522년, 율리우스 3세 치하에서 다시 트렌토에서 공의회가 열렸다. 군사적 성공을 거둔 황제의 압력으로 공의회가 소집된 것이다. 황제는 여전히 교회 개혁을 원했다. 강제적이기는 했지만 개신교가 함께한 유일한 기간이었다. 1530년 때처럼 개신교도들은 새로운 신앙고백을 작성했다. 멜란히톤이 새로운 선제후령 작센을 위해 《작센 신앙고백Confessio Saxonica》을 제출했고, 요하네스 브렌츠가 뷔르템베르크를 위해 《뷔르템베르크 신앙고백Confessio Virtembergica》을 작성했다. 스트라스부르도 여기 동참했다. 브렌츠는 이미 트렌토에 와서 머물고 있었다. 그러나 멜란히톤은 1552년 초에 그곳으로 가던 도중 뉘른베르크에서 오도 가도 못하고 있었다. 새로운 작전 때문에 곧 도착할 군주의 명령을 기다리던 것이다. 그는 3월 8일에 집으로 돌아갔고, 전쟁 결과 공의회는 다시 해산되었다. 위협이 사라졌으니 개신교도들은 더 이상 관심이 없었고 황제는 권력을 상실했기 때문이다. 짧은 회의 기간 동안 이미 1215년에 교리화된 화체설이 재삼 확인되었고, 보속補贖은 고해성사의 필수적 부분으로 확정되었다. 멜란히톤은 1552년, 트렌토에서 개신교적 입장을 대변할 생각이었으며, 공의회 이전에 결정된 절대 수용할 수 없던 결과가 트렌토에서 폐기되지 않으면 곧장 되돌아오려 했다.

멜란히톤은 교회의 통일을 원했지만, 수단과 방법을 가리지 않겠다는 마음은 없었다. 이것은 그가 교회를 어떻게 생각했는지와 관계있었다. 1551년의《작센 신앙고백》에서 교회라는 주제는 충분히 다루어졌다. 전통적인 방식으로《아우크스부르크 신앙고백》에 기록된 것처럼, 멜란히톤은 종교개혁의 가장 중요한 교회학적 신념들을 반복했고 이전보다 더욱 명확히 규정했다. 멜란히톤에게 교회는 눈에 보이는 것이지, 볼 수 없는 것이 아니었다. 교회는 복음이 전파되고 성사 즉 세례와 성찬이 베풀어지는 곳이었다. 진정 믿는 자들은 눈에 보이는 교회에 속하지만, 진정한 믿음을 갖지 않은 자들도 여기에 있다고 그는 생각했다. 이로써 멜란히톤은 엄격한 계급적 성직 구조를 중시하는 로마의 입장과 거리를 두며, 또 진정한 그리스도 교도만을 교회에 두려 하는 재세례파와도, 그리고 슐레지엔의 종교개혁가 카스파르 폰 슈벤크펠트와 같은 성령 체험주의자와도 거리를 두었다. 성령 체험주의자에게 교회란 진정한 신자들이 정신적으로 연결된, 보이지 않는 공동체였다. 교회 통일을 위해 모두가 모든 점에서 의견이 같을 필요는 없다고 멜란히톤은 생각했다. 다양한 예배 관습, 다양한 방식이 존재해도 상관없었다. 그러나 성서에 따르지 않고 하나님을 거역하는 방식, 예를 들면 '죽은 자에게 간구', 즉 성자에게 간구하는 것이나 공의회는 절대 오류가 없다는 주장 등은 단호히 거부했다.《작센 신앙고백》은 가톨릭교회가 중요시하는 모든 전통과 분명한 거리를 두었다.

기독교 통합 운동에 관해 멜란히톤은 오늘날의 기독교도들과는 견해가 달랐다. 그는 분리된 교회들이 평화롭게 공존하는 것이 아니라 진정한 통일을 원했다. 그에게는 단 하나의 진정한 교회, 단 하나의 진정한 교리가 존재할 뿐이었다. 성서를 거역하지 않는 관습의 범위 내라면 '조정된 상이함'은 고려해 볼 문제였다. 그러나 신학 교리와 교회 실무에 관한 핵심 문제에서 상이함을 적당히 조정한 채 공존한다는 것은 생각조차 할 수 없는 일이었다.

1562-1563년, 세 번째 기간 동안 교회 연합은 교황 피우스 4세의 주도 아래 회의를 열었다. 피우스 4세는 이전 교황들과 달리 교회를 개혁하고자 했으나 이번 공의회는 예수회에 휘둘렸다. 당시 만들어진 예수회는 교육 지원으로 종교개혁과 맞서고 있었다. 그럼에도 가톨릭교회의 입장에서는 가장 중요하고 성과 있는 공의회 기간이었다. 수많은 새로운 결정들이 가결되었다. 이 결정들은 이른바 '가톨릭의 개혁'(후베르트 예딘3)의 표현)을 이끌었다. 수도원에 대한 주교의 판결권이 강화되었고, 주교의 근무지 거주 의무가 요구되었으며, 교회 순시를 해야 했고, 미사의 개혁이 진척되었으며, 사제직은 강화되었고, 성직자 교육은 개선되었다.

트렌토 공의회의 주요 결과는 가톨릭교회의 견고화, 프로테스탄티즘 거부, 가톨릭 중심적 교리를 언어로 다듬어 표현하기, 더 나아가 실무적인 교회 개혁, 특히 사제 지위의 개혁이었다. 교황직 개혁은 제외되었다. 개별 결정 중 중요한 것은 다음과 같았다. 불가타를 유효한 성서 번역본으로 인정한 것, 성서와 전통을 계시의 원천으로 확정한 것, 신인神人 협력설적인 칭의론의 정의, 성사를 일곱 가지로 확정한 것. 그리고 앞으로는 돈을 받고 면벌을 해줄 수 없었다.

트렌토 공의회에서는, 전적으로는 아니지만 수백 년 동안 요구되었던 교회 개혁이 이루어졌다. 공고해진 가톨릭은 반反종교개혁을 일으키고, 프로테스탄티즘을 제압하기 위해 논증이나 교육, 폭력 등 가능한 모든 수단을 동원하였다. 그러나 정치는 종교 평화조약을 체결하는 방향으로 전개되어, 반종교개혁은 처음부터 한계에 직면했다.

아우크스부르크 평화협정

프로테스탄트는 슈말칼덴 전쟁에서 패배했고 아우크스부르크 잠정 조약을 맺었다. 이로써 종교개혁은 막바지에 이르렀다고들 생각했다. 그러나 결과는 달랐다. 이전의 배신자, '마이센의 유다'라 불리던 작센 선제후 모리츠가 프로테스탄트를 위해 예기치 않은 방향 전환을 준비한 것이다. 그는 진정한 변절자였다. 신념이 바뀌어서가 아니었다. 그는 눈에 보이는 이해 관계에 따라 입장을 바꾸었다. 카를 5세는 약속과 달리 필리프 폰 헤센을 감금했고, 필리프 폰 헤센의 사위였던 모리츠에게는 약속했던 지역과 마그데부르크, 할버슈타트에 대한 종주권을 내주지 않았다. 이 때문에 모리츠는 황제에게 등을 돌렸다.

반항적인 개신교 지역인 마그데부르크를 포위한 행위부터가 작센의 알브레히트 가문이 행한 거짓 작전이었다. 특히 황제의 자금줄을 끊고, 협상 시간을 벌려는 목적이었다. 이미 1550년에 모리츠는 프랑스와 접촉했고, 1552년에는 황제의 철천지원수 프랑스와 비밀동맹을 맺은 후 황제를 공격하여 1552년 5월에 인스부르크 근처에서 황제의 군대를 무찔렀다. 이 고귀한 인물은— 겨우 목숨만 부지한— 알프스를 넘어 도주해야 했다. 이러한 상황에서 바이에른도 오스트리아도 황제를 도와주지 않았다. 황제가 동생 페르디난트가 아닌 자신의 아들 필리프에게 황제권을 주려고 1551년에 독단적인 결정을 내렸기 때문이었다. 이 때문에 스페인을 지배하는 합스부르크가와 오스트리아를 지배하는 합스부르크가 사이에 불화가 생겼고, 이것이 황제에게 불리하게 작용한 것이다. 도와줄 사람이 아무도 없었다.

황제의 패배가 '제후 전쟁'[1]이라 불리는 새로운 전쟁의 길을 터주자마자, 황제의 대리인 페르디난트는 이미 이 전쟁을 이끄는 제후들과 타협할 준비가 되어 있었다. 1552년, 파사우에서 새로운 조약이 체결되었고, 반 년 내에 열 예정이었던 다음 제국의회 때까지 개신교도들에게 휴전이 약속되었다. 이로써 종교개혁은 위기를 모면했다. 모리츠는 1553년 7월 11일, 알브레히트 알키비아데스 폰 브란덴부르크 방백과의 전투 중 지버스하우젠 근방에서 사망했다.

멜란히톤은 이 극적인 시간을 어떻게 보냈을까? 잠정 협약 시기와 제후 전쟁 동안 그의 최대 관심사는 교회를 보존하고 연구를 계속하는 것이었다. 이를 위해 간절히 기도했고, 불안과 압박에 시달리던 제자와 친구들을 위로하는 편지를 많이 썼다.

그는 지금까지 교회를 지켜 주신 것에 대한 감사 기도와 아울러 새해에도 인도와 지켜 주심을 간구하면서 1552년을 시작했다. 편지의 수신인 요하네스 마테지우스[2]에게 "예루살렘을 위하여 평화를 구하라!"는 시편 말씀(시 112:6)을 따라 교회를 위해

'끈기 있게' 기도하라고 엄중 경고했다. 그러나 1552년 초 다시 시작된 전쟁에 멜란히톤은 크게 놀랐고 두려워했으며 제국이 몰락하지 않을까 걱정까지 했다. 그는 벌을 가벼이 해주실 것을 기도했고, 교회의 미래와 자신의 운명을 하나님의 손에 맡겼다. 전쟁은 프로테스탄트에게 이롭게 끝났으나 멜란히톤은 전쟁을 비난했다. 그러나 다시 찾아온 평화는 반겼고 감사히 여겼다.

1554년 12월, 파사우에서 열리기로 했던 제국의회는 카를 5세에 의해 또다시 아우크스부르크에서 소집되었다. 1555년 2월 5일, 드디어 제국의회가 열렸다. 멜란히톤은 참석하지 않았다. 황제도 페르디난트에게 감독을 맡긴 채 참석하지 않았다. 몇 달 동안 아무 성과 없이 협상이 지속되었다. 그러나 결국 알브레히트 파가 권력을 잡은 새로운 작센이 주도권을 쥐고 이 제국의회에서 종교 평화협정을 이끌었다.

1555년 9월 25일, 평화협정이 선언되었다. 이 선언에는 다음과 같은 규정이 포함되었다.

첫째, 앞으로 제후 및 고위 성직자인 제국의회 의원은 구교 혹은 아우크스부르크 신앙고백에 소속되어 있으므로 전쟁을 해서는 안 된다는 것이다. 이로써 지속적인 평화가 보장되었다. 수십 년간 신앙을 이유로 전쟁이 일어났지만 타협은 이뤄지지 않았다. 세속적 평화 규정이 만들어졌을 뿐이다. 츠빙글리나 칼뱅 추종자 그리고 재세례파는 여기서 제외되었다. 1648년, 뮌스터와 오스나브뤼크에 평화조약이 체결되고 나서야 비로소 칼뱅주의자들에게까지 종교 평화가 확장되었다.

둘째, 군주들은 종교개혁의 권리를 얻었다. 이제 그들은 어느 신앙고백이든 마음대로 결정할 수 있는 자유를 가졌다. 이것은 종교 평화를 위한 증명서였다. 동시에 이로써 제국 통일에 관한 요구는 포기되었다. 제국 전체와의 관계에서 지역 권력이 강화되었다.

셋째, 신하는 군주의 신앙고백을 따라야 했다. 쿠이우스 레기오Cuius regio, 에이우스 렐리기오eius religio, 즉 지배자가 종교를 결정한다는 것이 원칙이었다. 아우크스부르크는 모두를 위해 진정한 종교 평화를, 진정한 종교의 자유를 이뤄 내지는 못했다. 신하들에 대한 지방 권력자들의 권한은 막강해졌다. 그러나 신하의 종교가 군주의 종교와 다를 경우 다른 지역으로 이주가 허용되었다. 이것은 제국 최초로 모든 사람에게 해당되는 기본권이었다.

넷째, 성직자 제후에게는 '종교상의 예외'가 적용되었다. 개신교로 개종한 주교는 자신의 종교적 직위와 소유지도 상실했다. 따라서 쾰른과 오스나브뤼크에서와 같은 사건들은 저지되었고 지속적인 방해를 받았다. 19세기 초반까지 독일의 가톨릭 주교들만이 절대적인 정치적 권력이 있었다.

다섯째, 개신교 제국 도시의 신도는 가톨릭 소수자들의 거주를 허용해야 하며 반대의 경우도 마찬가지였다. 관용이 시작된 것이다. 그러나 예를 들어 신교와 구교가 교회를 공동으로 사용할 때 종파의 구조는 갈등의 소지가 더 많아졌고, 종파 간 관용보다는 적대감을 더욱 강화했다.

이 규정들은 애초에 지속적으로 통용될 규범이 아니었다. 신학적 쟁점이 일치되기를 기대하면서 그때까지만 통용되는 것이다. 여전히 많은 정치가들은 신학적 통일은 가능하며 그것을 위해 노력해야 한다고 믿었다. 그래서 이미 1556년 3월에 종교 문제를 다룰 또 다른 제국의회가 계획되었으나 소집되지 않았다.

황제 카를 5세는 당시 이미 체념한 상태였고 1556년 제국의회 기간 중에 퇴위했다. 그는 실패자가 되어 세계사의 무대를 내려왔고, 1558년 멀고 먼 스페인에서 사망했다. 그의 동생 페르디난트가 애초 계획대로 후계자로 등장했다. '이단자들Ketzer'과 맺은 평화조약 때문에 분노한 교황은 그를 인정하지 않았지만, 선제후들은 1558년 그를 황제로 인정했다. 독일 민족의 신성로마제국이 일부나마 이제 개신교를 믿었다. 한때 교황과 독일 민족의 신성로마제국 사이에 존재했던 긴밀한 관계는 종교개혁을 통해 지속적으로 깨지고 있었다.

이 평화조약에 대한 멜란히톤의 의견은 일부만 전해진다. 지속되지 않는 협상과 조약을 수십 년 경험한 그였다. 따라서 훗날 이날이 진정 종교개혁사의 결말로 공포될 것을 예측하기 힘들었을 것이다. 당시 멜란히톤은 개신교 내부의 논쟁에 몰입해 있기도 했다. 1555년 9월과 10월, 그는 개신교 내부의 갈등을 해결하기 위해 뉘른베르크에 머무르고 있었다.

9월 29일, 라이프치히 대학 교수인 울리히 모르드아이젠[3)]에게 보낸 편지를 보면 며칠 전 이뤄진 평화조약에 대해 그가 무슨 생각을 했는지 읽을 수 있다. 멜란히톤은 이사야의 말[(사 51:16)] "내가 내 말을 네 입에 두고 내 손의 그늘로 너를 덮었나니"를 인용했다. 그는 이렇게 생각했다. "비록 적은 무리이지만 복음을 듣는 하나님의 교회가 있는 것은 분명합니다. 그리고 그들이 하나님의 의로우심을 통해 외부의 혼란에서 보호받았다는 것도 분명합니다. 지난 30년간, 복음이 울려 퍼진 나라들이 은혜롭게 지켜지고, 하나님의 벌이 약해진 것을 보았듯이 말입니다. 우리는 하나님의 아드님의 은혜를 받아, 감사로 영광을 돌리고, 그분께 우리를 맡기고자 합니다. 제 말은, 이제 아우크스부르크 제국의회가 만족스러운 방식으로 끝났다는 것, 이것 역시 하나님의 은혜라는 것입니다. 우리는 또 하나님의 아드님께 부탁하고자 합니다, 그분이 우리를 더 먼 곳으로 인도해 주시기를." 멜란히톤은 결과를 긍정적으로 평가했고, 이에 대해 하나님께 감사했다.

아우크스부르크 규정들은 유지되었고 독일 역사상 가장 긴 평화 시대를 선물했다. 이 시대는 1552년부터 약 66년간, 즉 1618년 30년 전쟁이 시작될 때까지 지속되었다. 그리고 1530년 멜란히톤의 신앙고백 즉 《아우크스부르크 신앙고백》은—1540년판으로—제국의 헌법 증거 서류로 지위가 격상되었다.

의견 일치 신조

1557년, 마지막으로 종교회담이 열렸다. 1555년 아우크스부르크 제국의회는 앞으로 종교 문제에서 내용상의 통일을 위해 노력하자고 결의했었다. 오랜 망설임 끝에 그 첫걸음이 시작된 것이다.

멜란히톤은 회담을 위해 마지못해 보름스로 떠나, 8월 28일 포이처와 에버 등 여러 비텐베르크 신학자들과 함께 도착했다. 또 다른 개신교 대표단이 예나에서 왔다. 예나에서는 몇 달 전부터 플라키우스가 활동하고 있었다. 플라키우스는 보름스에 오지 않았지만, 개신교 대표단에게 광범위한 내용의 진정서를 보냈다. 여러 곳에 전달되었지만 바로 개봉하는 사람은 없었다. 엄청난 내용이 있을 거라 짐작하고 겁을 냈기 때문이다.

개신교 내부의 최초 모임은 9월 5일에 있었다. 에르하르트 슈네프[1]가 예나 파견단을 대표해 발언을 했다. 그는 개신교 진영에서도 사교 전도자들을 하나하나 열거하며 비난할 것을 요구했다. 그가 '아디아포라'를 슬쩍 비꼬자 멜란히톤은 민감하게 반응했다. 그 자리에 있던 모든 개신교도들은 츠빙글리주의를 비난하는 점에서는 의견이 일치했다. 그러나 게오르그 마요르가 선행에 대해 관점이 다르다고 해서, 안드레아스 오지안더가 칭의에 대해 관점이 다르다고 해서 이들을 반박하거나 그 이름을 열거해야 하는지는 논란의 여지가 있다고 생각했다.

9월 11일, 대표단은 첫 번째 총회를 위해 구교도와 만났다. 구교도 중 가장 유명한 신학자는 독일 예수회 지도자인 페트루스 카니지우스[2]였다. 가톨릭교도들은 개신교도에게 모든 잘못된 교리를 분명하게 반박하라고 요구함으로써 이들을 난관에 빠지게 했다. 왜냐하면 늘 그렇듯 개신교도들은 복음주의 루터파 진영 내부에서 변형된 교리 중 어떤 것을 비판해야 할지 의견 일치를 보지 못했기 때문이다. 멜란히톤은 어찌할 바를 몰랐고, 구교도들과 종교회담을 갖는 것보다 개신교도들끼리의 지역 총회가 더 필요하고 의미 있다는 주장을 했다.

10월 초, 상황은 완전히 절망에 빠지고 말았다. 예나 대표단은 자신들의 관심사를 개신교 그룹 내에서 관철시킬 가망이 없다고 생각하고 항의의 끝에 돌아가 버렸다. 멜란히톤은 10월 7일, 다시 한 번 전체회의에서 연설을 하면서 성직자 독신제와 개신교의 성서 원리를 주제로 삼았다. 마지막 총회는 10월 12일에 열렸으나 대표단은 목적을 이루지 못한 채 헤어졌다. 구교도의 승리였다. 루터파는 웃음거리가 되었다. 개신교도가 성서주의를 유포시키고 있으나, 교회 내 통일적 관점을 합의하기에는 성서주의가 충분하지 않음을 구교도들이 다시 분명히 알게 되었다. 교회의 전통을 참작할 필요가 있다는 것, 교황권과 같이 통일을 이끌 제도가 절박하다는 것이 확인된 듯했다.

파견단이 흩어진 뒤에도 멜란히톤은 얼마 동안 보름스에 남아서 제네바에서 온 빌헬름 파렐[3]과 테오도르 베즈의 방문을 받았다. 또한 네덜란드를 거쳐 가는 중에는 트렌토에서 출발한 크리스토프 마드루초 추기경과도 우연히 만나게 되었다.

보름스 종교회담이 결렬됐고 그로 인해 개신교도들이 수치를 당했기 때문에 팔츠의 선제후와 뷔르템베르크 공작은 개신교 신학자들에게 통일된 교리 규범을 작성하라고 명령을 내렸다. 멜란히톤은 이를 위해 이미 1557년 11월 《의견 일치 신조 Konsensformel》를 작성했고 12월에는 이에 대해 토의했다. 1558년 2월, 개신교의 지도적 신학자들과 정치가들이 프랑크푸르트 암마인에 모여 훗날 《프랑크푸르트 협정Frankfurter Rezess》이라 불리는 일치 문서를 작성했다. 멜란히톤이 초안을 잡은 이 문서에서 주목할 것은, 자격 없는 사람의 이름이 전혀 언급되지 않는다는 것이다. 《아우크스부르크 신앙고백》과 《아우크스부르크 신앙고백 변증서》에 기초를 둔 가운데, 칭의론, 선행, 성찬, 아디아포라에 대한 개신교 교리가 적절하게 그리고 많은 사람이 수용할 수 있는 방식으로 서술되었다. 생각이 다른 사람은 누구의 이름도 언급되지 않았다.

그러나 서로 분열된 루터교를 통합하려는 시도는 실패했다. 예나의 신학자들은 《의견 일치 신조》에 동의하지 않았다. 1559년 그들은 비텐베르크 신학에 대한 반대 복안으로 《바이마르 논박서_{Weimarer Konfutationsbuch}》를 작성했다. 1577년에야 《의견 일치
신조》로써 독일 루터파 안에서 거의 완전한 교리 통합이 이뤄
졌다.

멜란히톤은 프랑크푸르트 암 마인을 수차례 방문하면서 유
대교에 대한 생생한 인상도 받았다. 브레텐, 포르츠하임, 하이델
베르크, 튀빙겐과 멜란히톤의 삶의 터전인 비텐베르크에는 유대
인이 없었던 반면 프랑크푸르트에는 당시 아직 게토화되지는 않
았지만 거대한 유대인 집단이 있었다.

유대인, 형제인가 적인가

기독교는 유대인에게 오랫동안 적대감을 갖고 있었다. 이것은 기독교 역사의 어두운 면이다. 인문주의와 종교개혁 시기에도 이 적대감은 다시 드러났다.

멜란히톤의 외할머니의 형제이자 멜란히톤의 후견인인 로이힐린은 히브리어와 유대 신학, 특히 유대교 신비주의 카발라 Kabala에 관심이 있었다. 로이힐린은 유대 문헌을 모두 손에 넣기 위해 공개적으로도 전력을 다했다. 쾰른의 도미니크 교단은 탈무드를 압수하고 없애라 권하며 또 직접 실행하고 있었지만, 로이힐린은 탈무드를 얻기 위해 많은 노력을 기울였다.

멜란히톤 역시 히브리어에 관심이 있었고 1519/1520년에는 비텐베르크 대학에서 히브리어를 강의하기도 했다. 이 대학은 히브리어 교사와 별 운이 없었기 때문이었다. 루터가 성서를 번역할 때 멜란히톤은 히브리어 지식으로 루터를 도왔다. 멜란히톤도 카발라에는 관심이 없었지만 성서 이후의 유대교 전통에 관해 어느 정도 지식은 갖추고 있었다. 1556년의 《신학총론》을 보면 히브리어로 된 멜란히톤의 책이 하나 있다. 그는 《바빌론 탈무드》에서 랍비 엘리야후 Elijahu가 세계사 6,000년을 두고 한 말을 인용했다. 물론 멜란히톤은 이것이 예언자 엘리야의 말일 것이라 믿었다.

유대어로 된 문헌 연구에 발을 들여놓은 멜란히톤은 이미 1514년에 로이힐린을 적극 도와준다. 1518년, 멜란히톤은 한 편의 글을 통해 로이힐린을 편들 계획이었다. 그러나 이 글은 세상의 빛을 보지 못했다. 1519년, 유대 문헌들이 분서焚書되는 것을 막은 것은 로이힐린의 공이라고 멜란히톤은 말했다. 이러한 의미에서 1552년, 로이힐린을 추모하는 연설에서 그는 다시 한 번 로이힐린을 칭송한다.

루터의 소식을 들은 독일 유대인들은 더 이상 기독교도들이 그들을 적대적으로 취급하지 않을 것이라고 기대했다. 그들은 종교개혁에 큰 희망을 두었다. 여러 유대인이 루터에게 도움을 구했다. 1519년과 1521년 사이, 레겐스부르크의 유대인들은 추방 위기에 직면해 루터에게 편지를 보냈다. 그러나 답장은 없었다. 1526년경, 학식 있는 세 유대인이 비텐베르크로 루터를 찾아왔다. 그러나 대화는 충돌로 끝났다. 1537년, 유대 민족의 수장인 알자스 출신의 율법학자 요젤 폰 로스하임[1]은 루터에게 편지를 보내어, 유대인이 다시 작센에 거주할 수 있도록 힘써 달라고 부탁했다. 그러나 루터는 이 부당한 요구를 거절하는 냉소적인 답장을 보냈다.

루터보다는 멜란히톤이 접촉하기가 수월했다. 1539년, 요젤 폰 로스하임은 프랑크푸르트 암 마인에서 멜란히톤을 만났고,

성체를 더럽혔다는 잘못된 기소로 인해 브란덴부르크 선제후가 브란덴부르크에서 부당하게 쫓아낸 1,510명의 유대인들을 변호해 달라고 부탁했다. 그 결과 선제후 요아힘 1세는 유대인들을 복권시켜 다시 브란덴부르크에 들어오게 했다.

멜란히톤은 극단을 오갔다. 유대인 옹호자는 아니었지만 반유대주의자도 아니었다. 유대인들이 형제는 아니지만, 적이라고 생각하지도 않았다.

종교개혁 시기 동안 친유대적 태도를 보인 사람으로는 이교도 화형을 반대했던 바젤의 인문주의자 제바스티안 카스텔리오, 브라운슈바이크–뤼네부르크의 종교개혁가 우르바누스 레기우스, 뉘른베르크 출신 안드레아스 오지안더를 들 수 있다. 그러나 오지안더는 클라라 수녀회에 대해서는 관용을 후히 베풀지 않았다. 이들과 달리 유대인에게 특히 적대적이었던 사람들은 나중에 재세례파의 수장이 된 발타자르 마이어, 요하네스 에크 그리고 물론 마르틴 루터였다.

루터는 1543년 '돼지 유대인Sau-Juden'에 반대하여 펜을 잡았고 논쟁적인 책을 두 권이나 썼다. 그는 이 책에서 유대인의 회당을 불태우고 강제 노역을 시키거나 추방해 버리자고 호소했다. 이 저술은 유대인에게도 알려졌고 격렬한 반응을 일으켰다. 1546년, 루터가 사망하자 요젤은 루터가 '영혼과 육체와 함께' 지옥에서 허덕이길 바랐고, 1546/1547년의 슈말칼덴 전쟁, 즉 종교개혁이 끝난 것 같았던 그 시기에 요젤처럼 개신교에 대단

히 실망한 유대인들은 황제의 승리, 즉 구교의 승리를 위해 기도
했다.

멜란히톤은 성서 이후의 유대교에 전통적으로 부정적 관점
을 드러냈다. 그가 볼 때 유대인은 하나님의 저주를 받았다. 성서
를 이해할 능력도 없었다. 그는 예수의 죽음이 유대인 탓이라 생
각했고, 성전 파괴는 하나님의 벌이라고 해석했다. 할례는 하나
님을 조롱하는 것이었다. 세상의 끝에 이스라엘 모두가 구원받
거나 개심할 것은 믿지 않았다. 가끔 그는 유대인과 세례 받은 유
대인, 특히 그가 잘 아는 유대인 출신의 비텐베르크 히브리어 교
사들을 모욕적으로 묘사하기도 했다. 멜란히톤은 루터가 유대
인을 두고 쓴 글에 동의했고, 다른 사람에게 권하기도 했다.

멜란히톤은 개신교 교회야말로 진정한 이스라엘의 상속자
이자 후계자라고 생각했다. 이와 반대로 동시대 유대인들은 가
톨릭교도나 이슬람인, 미개인과 유사하게 취급했다.

유대인과의 또 다른 개인적 만남은 1530년 아우크스부르
크 제국의회에서였다. 프라하 출신의 랍비 이자크 레비를 만난
그는 이사야 53장과 율법 및 안식일에 대해 토론했다. 그러나 대
화는 싸움으로 끝났다.

종교개혁가들이 싸움을 걸었던 종교는 유대교만이 아니었
다. 이슬람교 역시 마찬가지였다.

하나님의 채찍, 투르크인

11세기 투르크인들, 즉 동부 중앙아시아의 투르크족이 아바스 왕조를 몰아내고 이슬람 세계의 주도권을 잡았다. 1300년경, 투르크인 오스만 1세가 그의 이름을 딴 국가의 초석을 놓았다. 오스만 제국은 강대국이 되었고, 14세기 초부터 1683년, 두 번째이자 마지막으로 빈을 포위할 때까지 유럽에 위협이 되었다.

기독교 역사에 결정적 영향을 준 사건은 1453년의 콘스탄티노플 점령이었다. 투르크족은 기독교의 옛 중심 도시를 점령했고 이슬람을 공인 종교로 만들었다. 그러나 소수 기독교도들을 관대히 대했고 도시를 파괴하지도 않았다.

16세기 투르크인의 지도자는 술레이만 1세였다. 1520-1566년까지 재위한 그는 주요한 승리를 세 번 거두었다. 1521년 벨그라드 점령, 1522년 로도스 섬의 요한기사수도회 수도사들의 항복을 받아낸 사건, 1526년 모하치 전투에서 헝가리를 이긴 사건이 그것이다. 1529년에는 처음으로 빈을 포위했지만 함락은 실패했다.

동·서양의 전쟁, 투르크와 독일의 전쟁, 모슬렘과 기독교도의 전쟁에서 종종 정교도들이 투르크 측 군대로 복무했다. 종종 기독교도가 기독교도를 상대로 싸웠지만 두 기독교도 측에서 극소수만이 이를 알고 있었다.

방어전을 치를 때 주요 역할을 한 것은 합스부르크 왕가였다. 왜냐하면 합스부르크 왕가의 중심 국가가 가장 심각한 피해를 입었으며, 합스부르크 가문에서 제국을 방어해야 하는 황제가 배출되었기 때문이다.

투르크인의 위협은 결과적으로 종교개혁사에 큰 영향을 끼쳤다. 황제와 구교도, 개신교도가 힘을 합해 위험에 맞서야 했다. 1532년의 뉘른베르크 휴전은 이러한 역사적 배경이 있다. 적이 종교개혁을 도와준 셈이다.

투르크 문제는 많은 출판물의 주제였다. 구교도들은 십자군 전쟁을 원했다. 즉 교황과 황제가 힘을 합쳐 투르크인에 대항하기를 바랐다. 그러나 개신교도들은 십자군 전쟁에 반대했고, 하나님과 기독교의 이름으로 어떤 전쟁도 일으키지 않으려 했다. 루터는 1529년에 쓴《투르크에 대항하는 전쟁Krieg gegen Türken》과《투르크에 대한 군대 설교Heerpredigt gegen die Türken》에서 이러한 생각을 드러냈다. 방어는 황제의 일이지 교회의 일은 아니었으나 방어전은 가능하다고 생각하여, 정당방위와 기독교적 사랑의 계명을 들어 이를 주장했다. 자신도 회개와 기도로 군대를 지원하고자 했다. 루터는 다니엘서 7장을 근거로 싸움을 종말론적으로, 곧 일어날 세계 종말의 징후로 해석했다.

멜란히톤은 1528년《시찰자들을 위한 지침Unterricht der Visitatoren》의 한 장에서 투르크에 대한 생각을 밝혔다. 개신교 설교자들, 예를 들면 재세례파 설교자들이 이 주제를 택하도록 동기를 제공했다. 재세례파는 산상수훈을 증거로 제시하면서 투르크에 대항하는 모든 저항을 거부했다. 멜란히톤은 이들의 입장은 잘못되었고 선동적이라고 여겼다. 루터처럼 멜란히톤 역시 로마서 13장을 근거로 정부는 살인자와 강도를 처벌하고, 부당한 전쟁을 일으켜 강도와 살인을 일삼는 자들과 전쟁으로 맞서야 한다고 주장했다.

멜란히톤은 투르크인들이 토지를 망가뜨리고 여인들을 농락하며 아이들을 살해한다고 비난했다. 그들이 국가의 법, 예배와 모든 규범을 망가뜨렸으며, 이들은 누구도 존경하지 않으며, 힘 있는 자는 악의적으로 타인의 재산과 아내와 아이를 취하며, 혼인 관계도 존중하지 않아 여인들을 마음대로 취하고 버리며 아이들을 팔아넘긴다고 주장했다. 멜란히톤은 헝가리인들의 경험과 헝가리 학생들이 전해 준 경험들을 들려주며 이렇게 물었다. "그런 풍습들, 그것이 대체 살인과 무엇이 다른가?" 남편과 아내, 젊은이와 노인이 가축처럼 끌려나와 사고 팔린다.

멜란히톤은 여기서 끔찍한 결론을 도출했다. 자기 가족과 친지가 그러한 운명을 겪으니 투르크인과 싸우다 죽는 게 나을 것이다. 그렇다, 경건한 남자는 자기 아이가 그런 풍습을 받아들이느니 차라리 그 애들이 죽기를 바랄 것이다. 따라서 제멋대로가 아니라 정부의 명령에 따라 싸운다면, 이 싸움은 '의로운 예

술레이만 1세의 초상화

16세기 오스만 제국의 지도자였으며 제국의 최전성기를 이끌었다. 신성로마제국의 수도 빈을 1529년, 1532년 두 차례에 걸쳐 공격하였고, 구교도와 신교도가 힘을 합하여 맞선 결과 종교개혁 발전에 간접적으로 이바지한다. '술레이만'은 '솔로몬'의 터키식 발음이며 그림은 이탈리아의 화가 티치아노 베첼리노(1490?-1576)의 작품이다.

배'라 할 것이다. 설교자의 과제는 하나님께 기독교도들을 '그런 광포한 사람들'로부터 보호해 주시기를 기도하는 것이라고 멜란히톤은 주장했다.

투르크인들이 1541년, 헝가리의 도시 오펜(오늘날의 부다페스트)을 정복하자 멜란히톤은 자신이 쓴 다니엘서 주해를 수정, 보완하여 헝가리를 위한 위로의 글로 개작했다. 그는 고통을 함께하는 친구로서 이 글을 썼다.

투르크인들은 다른 작가에 의해서도 잔혹하게 묘사되었다. 팸플릿에 인쇄된 목판화는 기사가 창으로 아이를 꿰뚫는 장면, 아이들이 칼에 두 동강이 나고, 젖먹이들이 말뚝에 꽂힌 장면들을 묘사했다. 그러나 개신교 작가들은 투르크인들의 이런 잔혹함은 그들의 본성이 아니라 하나님의 분노의 결과라고 여겼다.

개신교도들은 거의 예외 없이 투르크인을 하나님의 채찍이라고 해석했다. 하나님의 명령에 따라 죄인을 벌하고, 그렇게 함으로써 회개하도록 일깨우는 도구인 것이다. 합스부르크 가문의 영토 손실은 이 가문의 사람들이 복음과 싸운 것에 대한 응징이라고 구체적으로 해석되었다. 따라서 투르크인들에게서 벗어나려면 회심, 회개, 죄악에서 돌이킴이 있어야 가능하다고 여겼다. 개신교도들은 모하메드의 가르침에는 투르크인이 전 세계를 지배한다는 증거가 있다고 책을 통해 제시하기도 했다.

멜란히톤과 달리 루터는 투르크인을 긍정적으로 묘사했다. 믿음의 문제에서 투르크인과 기독교인은 부활 사상이 일치한다고 강조한 것이다. 그 밖에도 모슬렘 성직자들의 진지하고 의연하며 엄격한 삶, 빈번한 기도, 순종, 기도할 때의 고요함과 아름다운 동작 등을 칭찬했다. 또한 그들의 몸가짐에서는 의연하고 엄격하며 존경할 만한 특성도 발견했다. 즉 포도주를 마시지 않고, 기독교도들처럼 술에 취하거나 게걸스럽게 먹지도 않으며, '경박스럽고 거리낌 없이' 옷을 입지도 않고, 화려하게 건물을 짓지도 장식하지도 않고, 맹세하고 저주하지도 않으며, 황제와 군주에게 복종하고 순종하며 존경을 표한다는 것이다. 또한 루터는 투르크인들의 외적인 통치권과 국가 규범을 칭찬하며 이런 것들이 독일에도 있기를 바랐다. 가끔 루터는 투르크인들이 믿음의 문제에 있어서는 교황보다 더 너그럽다고 말하기까지 했다.

멜란히톤과 마찬가지로 루터 역시 투르크인의 혼인 문화는 비난했다. 남편에게 네 명의 아내를 허용하고 첩을 둘 수 있으며 노예와의 성관계도 허락하기 때문이다.

1529년, 루터는 투르크 군에 포로로 잡혔을 경우 취해야 할 태도를 언급했다. 군인으로서 투르크 군에 포로로 잡혀 노예가 된 사람은 이를 하나님의 뜻이라고 받아들여, 투르크 군주에게 진정으로 그리고 성실히 봉사하고 도주하지 말라고 했다. 이를 통해 포로는 복음에 봉사하게 될 것이며 그들이 기독교도에 대해 긍정적으로 생각하고 '어쩌면', '많은 사람이' 개종할 수도 있을 것이라 주장했다.

그러나 사실 루터는 모슬렘을 개종시킬 생각이 없었다. 그가 볼 때 투르크인은 유대인과 마찬가지로 고집불통이었기 때문이다. 그들이 기독교의 믿음을 그저 비웃을 것이라 생각한 것이다. 폭력을 사용했기 때문에 이슬람이 성공했다고 루터는 여겼으며 그 안에서 기독교 이단을 보았다. 또 '악마의 사도'라 부른 모하메드에게서는 예수 그리스도가 하나님과 동등하다는 것을 부정했던 아리우스[1]의 모습을 보았다. 모슬렘은 예수가 하나님의 아들인 것과 그의 십자가 죽음을 부정했다.

루터는 교황과 이슬람을 동등하게 취급했는데, 이슬람에게서 행위로 얻는 의를 보았기 때문이다. 그의 찬송가 '주여 말씀으로 우리를 지켜 주소서Erhalt uns Herr bei deinem Wort'는 이 관계를 탁월하게 표현했다. 이 노래에서 루터는 다음과 같이 기도한다. "교황과 투르크인의 살상을 제어하소서Steur des Papsts und Türken Mord."

1542년 이후 《코란》의 라틴어 번역이 나왔다. 멜란히톤과 루터는 이 번역본을 알고 있었고, 루터는 1300년경 피렌체의 도미니크 수도사 리콜도 다 몬테 크로체[2]가 쓴 《코란 반박》을 알고 있었다. 루터는 이 책을 독일어로 번역, 출판하였다.

스위스 신학자 테오도르 비블리안더는 1542년 최초로 학술적 요구를 충족시킨 《코란》 번역본을 완성하여 이를 바젤에서 출판하려고 했다. 출판을 준비한 사람은 바젤의 출판업자 요하네스 오포린이었고, 그는 시 심의회의 검열을 피할 생각이었으나 심의회가 이 사실을 알게 되었다. 기독교 신앙의 수호자를 자처한 그들은 인쇄를 중단시키고 오포린을 감금했다. 그러자 루터는 심의회에 편지를 보냈다. 코란을 출판하는 것보다 투르크인에게 더 큰 손해를 끼치는 일은 없다, 코란은 명백한 거짓, 우화, 잔혹성을 포함하고 있어 기독교도들에게 절대 위험이 될 수 없다고 변론하면서 출판 금지 해제를 요구한 것이다. 루터의 변론은 성공을 거두었고, 결국 바젤에서 《코란》 번역본이 출판될 수 있었다. 물론 출판자와 출판지는 명시될 수 없었고, 바젤에서 팔 수도 없었다.

멜란히톤은 1542년 5월, 이 책의 서문에서 투르크인, 이슬람, 모하메드와 코란에 대해 다음과 같이 언급했다. 즉 모하메드는 기적의 증거를 통해 보증된 오랜 성서의 교리를 비난했고, 근본적으로 몹시 비난받아야 할 새로운 것을 만들어 내었다. 또 이슬람은 이교도와 같은 방식으로 하나님의 말씀에서 벗어났다. 따라서 코란은 거부되어야만 한다. 모하메드 교파가 악마 같은 특성이 있다는 사실은 전쟁과 혼인에 관한 그들의 생각에서 알 수 있다. 모하메드가 세운 왕국은 선지자 다니엘이 예언한 것이다. 이슬람의 성공은 하나님의 분노의 표지이며, 이는 회개할 것을 명한다는 내용이었다. 멜란히톤의 글은 5월 29일, 사환을 통해 비텐베르크에서 바젤로 직접 전달되었다. 흔히 전하는 방식이 아님에도 책 겉장에 멜란히톤의 이름은 언급되지 않았고, 그가 쓴 서문은 루터가 쓴 것으로 오해되었다.

1556년, 멜란히톤은 또다시 투르크와 전쟁이 있을 것을 예측했다. 1555년에 별들이 제자리를 벗어났고, 1556년 3월에는 혜성이 발견되기도 했다. 멜란히톤에게 이것은 경고였다. 하나님께서 개입하셔서 임박한 불행을 막아 주시기를 바라며 행동하고, 기도하라는 하나님의 뜻이었다. 기독교의 핵심이던 소아시아에서 기독교가 몰락했듯이, 유럽에서도 기독교가 몰락할지 모른다는 두려움이 엄습했다. 그러나 한편으로는 그렇다면 하나님께서 다른 곳에 또다시 교회를 세우시리라는 생각이 그를 위로했다.

멜란히톤은 여전히 고대 기독교를 믿는 동쪽 사람들과 접촉하려고 애썼다. 1559년, 그는 이스탄불[3]에 있는 정교회 총대주교인 요아사프 2세[4]에게 그리스어로 편지를 써서 종교개혁의 관심사를 알렸다. 멜란히톤은 그리스 교부들을 강조하면서 종교개혁과 정교의 공통점을 제시하고, 중세 라틴 지역처럼 마니교도와 '모하메드교도'와도 거리를 두었다. 멜란히톤에게는 통합보다는 진리가 중요했다는 사실이 또다시 분명해졌다.

멜란히톤은 총대주교에게 그리스어로 번역한 《아우구스티누스 신앙고백》을 보냈다. 이 그리스어 본은 1559년, 바젤의 오포린이 인쇄했다. 그러나 라틴어 본과 내용이 많이 다른 그리스어 번역에 멜란히톤이 어느 정도 참여했는지는 불분명하다. 1584년, 비텐베르크에서는 그리스–라틴어 판이 출간되었다. 요아사프에게 편지를 보낼 때는 비텐베르크의 멜란히톤 집에서 반년 동안 머물렀던 세르비아 출신 부제 데메트리오스가 전달을

말았다. 그러나 총대주교로부터 답을 들었는지는 알려진 바가
없다.

점성학은 학문이다

이미 튀빙겐 대학 시절부터 멜란히톤은 천문학에 관심이 있었다. 저명한 수학자이자 지리학자이며 인문주의자였던 요하네스 슈퇴플러가 그곳에서 활동했다. 그가 만든 천문학 시계는 지금도 튀빙겐 시청 외부에 걸려 있다.

　16세기 코페르니쿠스의 새로운 세계관은 학자는 물론 신학자에게도 커다란 도전이 되었다. 중세가 그랬듯 교회는 지구가 우주의 중심이며 태양, 달, 별이 지구 주위를 돈다고 가르친 반면, 코페르니쿠스는 천문 관측과 수학적 계산을 기반으로 지구가 태양 주위를 돈다고 가르쳤다. 멜란히톤은 1540년대 중반에 자연과목의 일부로서 물리학에 심취했고 강의록을 쓰기도 했다. 이 강의록은 그의 제자이자 동료인 파울 에버가 강의에 사용했고, 1549년에는 출판되기까지 했다. 이렇게 볼 때 멜란히톤은 코페르니쿠스에 몰두했고, 지동설이 성서에 어긋나기 때문에 이를 거부해야 한다는 결론에 도달했다. 그러나 이 맥락에서 멜란히톤이 반박한 것은 코페르니쿠스가 아니라 이미 고대에 태양 중심론을 가르쳤던 사모스의 아리스타르코스였다.

　멜란히톤은 코페르니쿠스를 거부했지만, 비텐베르크의 학

자들은 의견이 달랐다. 수학자 게오르크 요아힘 레티쿠스는 코페르니쿠스에 동의하여, 이 위대한 천문학자를 사귀기 위해 프라우엔부르크로 갔다. 멜란히톤의 편에 선 루터는 1539년, 탁상담화 중 태양과 달이 아니라 지구가 움직인다는 사실을 증명하려 들었고, 모든 천문학자들의 생각을 뒤죽박죽으로 만드는 인물들을 공격했다. 1542년에 비텐베르크로 되돌아온 레티쿠스는 아예 뉘른베르크로 이주했다. 그곳에서 코페르니쿠스의 저술들을 출판할 생각이었다. 멜란히톤은 이 주제에 거리를 두고 있었지만, 레티쿠스를 위해 추천서를 써주었다. 뉘른베르크에서 레티쿠스는 오지안더를 만났고, 오지안더는 출판을 위해 익명으로 서문을 썼으며, 코페르니쿠스의 학설을 가설이라 표현했다. 오지안더는 새로운 세계관에 루터와 멜란히톤보다 열려 있었다.

이 주제는 비텐베르크에서도 논쟁 대상이 되었고, 멜란히톤은 계속 여기에 몰두했다. 1549년, 그는 자신이 쓴 물리학 교과서 서문에서 코페르니쿠스에게 경의를 표하며 그의 이름을 언급했으나 태양 중심적 세계관은—코페르니쿠스의 이름을 직접 들먹이지는 않았지만—격렬히 비난했다. 멜란히톤은 이 학설을 대변하는 사람들의 개혁 욕구와 독특한 정신적 능력을 입증하려는 노력에 비판을 가했고, '장난질Spielereien'이라 표현했다. 지구 중심 사고는 성서적 진리이며 하나님에 의해 밝혀진 진리로서, 이 진리를 정중하게, 만족함으로 감사히 받아들이고 보존할 것을 주장한 것이다. 그러나 얼마 뒤 멜란히톤도 오지안더처럼 새로운 세계관을 사고의 모델로 받아들이는 결단을 내렸다. 1550년에 낸 물리학 교과서 서문에 멜란히톤의 새로운 입장이 나타나 있다.

멜란히톤은 천문학은 물론 점성학에도 몰두했다. 점성학은 비교秘敎가 아니라 하나의 학문, 행성과 황도십이궁이 지상의 사건에 끼치는 영향을 설명해 주는 학문이었다. 중세 말 점성학에 대한 관심이 아주 커졌다. 새로 발견된 고대 헤르메스 트리스메기스토스의 저술들과 플라톤 및 신플라톤주의의 재발견 덕분이었다.

15세기 말, 학자들은 아스트롤로기아 나투랄리스Astrologia naturalis(자연적 점성학)와 아스트롤로기아 디비나트릭스Astrologia divinatrix(예언적 점성학)를 구분했다. 전자는 일기예보, 하늘의 현상이나 자연 현상 설명, 연감과 달력 작성에 관여했고, 건강한 사람과 병자를 위해 의학적 지시를 내릴 뿐이었다. 후자는 거대한 별자리를 해석하려 했고 천궁도를 만들었다. 천궁도는 각 개인, 민족, 도시 및 세계의 운명을 별들의 위치와 황도십이궁에 따라 해석한다.

중세 교회에서는 두 점성학이 다 용인되었다. 그러나 교회는 성좌에 근거한 예언은 반대했다. 왜냐하면 인간이 하나님이 정하신 운명에 개입한다고 생각했기 때문이다. 이 점에서는 완전히 중세적이었던 루터는 점성학에 거리를 두었고, 점성학에 관심을 가진 주변 사람들까지 비판했다. 멜란히톤도 비판을 받았다. 1537년의 탁상담화에서 루터는 다음과 같이 말했다. "멜란히톤이 점성학에 너무 관심을 두고 있어 괴롭습니다. 사람들이 그를 몹시 조롱하기 때문입니다. 그는 너무 쉽게 황도십이궁에 영향을 받고, 마음속으로는 이를 최고라고 받아들입니다. 가끔 그게 잘 맞지 않았지만 설득시킬 수가 없습니다. 언젠가 내가 토르가우에서 돌아왔을 때 상당히 아팠던 적이 있습니다. 그런데 그는 그게 내 운명이라고 했습니다. 죽는 게 말입니다. 나는 그가 황도십이궁을 그렇게 심각하게 받아들인다고 믿고 싶지 않았습니다." 원래 이 담화는 독일어와 라틴어가 섞여 있었다. 이 담화를 출판한 에른스트 크로커[1]는 자신의 주해에서 멜란히톤의 '미신'을 비난하지 않을 수 없었다.

그러나 멜란히톤은 점성학을 기독교 학문으로 이해했고 높이 평가했다. 별들은 하나님의 창조물이기 때문이다. 그러나 인간을 좌지우지하는 절대적 운명이 있다고는 결코 믿지 않았다. 신의 의지 안에 배열된 별의 작용을 보았을 뿐, 인간의 운명이 별의 성좌에 종속되어 있다고 생각하지는 않았다. 그러나 별들이 어떤 영향을 주고, 인간이 이 힘에 반응하며, 경우에 따라서는 그 힘에서 자신을 보호할 수 있다고도 생각했다. 또 별들이 나타내는 의미와 하나님의 경고 안에서 앞으로 올 인간의 죄악에 대한 징벌을 잘못 추측하기도 했고, 역사적 사건을 암시하는 기초로 삼기도 했다. 1543년, 친한 친구에게 보내는 편지에서 멜란히톤은 성찬에 관한 루터와 츠빙글리의 싸움 배후에는 화성과 토성 사이에 재앙을 불러일으키는 합이 이뤄졌기 때문이라고 썼다.

멜란히톤은 여러 교과서에서 아스트롤로기아 나투랄리스를 장려했고 고등학교와 대학에서 그것을 천문학으로 수용해 다루기를 바랐다. 일상에서 그는 천궁도에 몰두했고, 천궁도를 참작하며 삶을 영위했지만 아스트롤로기아 디비나트릭스는 배제했다. 그 천궁도는 멜란히톤의 아버지가 아들을 위해 유명한 하이델베르크의 점성학자에게 주문한 것이다. 이 점성학자는 멜란히톤이 타고 가던 배가 발트 해에서 침몰당할 것이라 예언했다. 멜란히톤은 이 예언을 알았고 이를 진지하게 받아들였다. 종교개혁의 와중에 그는 영국이나 덴마크로 갈 일이 있었지만 가지 않았다. 죽을 때까지 그는 물에 빠져 죽을까 걱정했다.

친척이나 제자들을 위해서도 그는 천궁도를 제작하게 했다. 그리고 그가 영향을 끼쳤던 많은 실제적인 결정, 예를 들면 비텐베르크 대학의 사무와 관련해서도 예언이 중요한 역할을 했다.

멜란히톤은 루터가 태어난 해와 날짜를 별을 중심으로 설명하고자 했다. 루터의 모친과 형제에게 물어보았으나 그들은 루터의 생년월일을 정확히 기억하지 못했다. 멜란히톤은 점성술로 계산해 1484년 10월 22일이 맞을 것이라 잠정적으로 생각했다. 루터는 1483년 11월 10일에 태어났다고 알려졌는데 날짜는 확실하다. 루터는 태어난 날 세례를 받았는데, 그날의 수호성인인 투르의 마르틴을 따라 이름을 붙였기 때문이다. 그러나 태어난 해는 오늘날에도 논란의 여지가 많다. 1484년이라는 주장에는 중요한 근거가 있지만 1482년이라는 주장도 있다. 루터는 자신이 태어난 해와 나이를 별로 깊이 생각하지 않았다.

혜성은 별과 구분되며 특별한 관심을 불러일으킨다. 혜성은 우연히 나타나는 듯하고, 일반적 법칙을 따라 움직이지 않기 때문에 불행을 예고하는 하나님의 전령으로 생각되었다. 1526년, 1556년, 1558년, 1577년에 혜성이 나타났고 설교자들은 이를 회개하지 않은 인간들에게 다가올 하나님의 회초리와 검으로 해석했다. 혜성, 기상 변화의 조짐, 자연현상과 기형아는 멜란히톤이 볼 때 인류의 죄악을 벌할 날이 다가온다는 하나님의 표시이자 경고였다.

꿈 역시 그의 인생을 해석하고 추동하는 중요한 역할을 했다. 멜란히톤은 자신의 꿈과 타인의 꿈 해몽을 즐겼다. 1560년 4월 13일 밤, 멜란히톤은 누가복음 22장 15절의 익숙한 그리스도의 말씀 "내가 고난을 받기 전에 너희와 함께 이 유월절 먹기를 원하고 원하였노라"를 노래하는 꿈을 꾸었다. 크고 힘차게 노래하는 자신의 목소리를 들으며 그는 잠에서 깨었다. 그는 이 꿈을 죽음이 다가왔다는 징후로 받아들였고, 엿새 뒤 마지막이 찾아왔다.

'나를 늙을 때 버리지 마시며'

1550년대, 제후전쟁이 끝나자 멜란히톤에게는 이전에 다룬 것을 능가할 만한 주제가 없었다. 그는 교회 문제, 신학 문제 그리고 윤리 문제에 관한 많은 평가서를 썼고, 사람들이 부탁하면 조언을 해주었다. 개신교 신학자들 사이의 격렬한 논쟁, 특히 성찬 논쟁은 그를 몹시 괴롭혔고 동지들도 그를 적대시해 매우 힘들었다.

노년에 접어든 멜란히톤은 비텐베르크에서 매일매일 강의를 했다. 1557년을 예로 들면 월요일부터 토요일까지 논리학, (키케로에 따른) 윤리학, 역사, (고린도전후서를 기반으로) 신약, (니케아 신앙신조를 기반으로) 교의학을 강의했다. 일요일 오전에는 교구 공동예배 전에 외국 학생들을 위해 라틴어 성서로 복음을 설명하는 시간을 집에서 가졌다. 멜란히톤은 일찍 자고 일찍 일어났다. 방해받지 않고 휴식을 취하기 위해 저녁에는 절대 편지를 열지 않았다.

노년의 멜란히톤은 기도할 때마다, 1557년에 사망한 그의 아내가 그랬듯 "나를 늙을 때 버리지 마시며 내 힘이 쇠약한 때에 떠나지 마소서"(시 71:9)라는 말씀에 집중했다. 1559년과 1560년 초 사이에 그가 쓴 편지를 보면 죽음에 대한 생각을 읽을 수 있다. 잠정협약 시기 때처럼 또다시 추방당하고 도주해야 할지 모르며, 세상을 등지고 성스러운 땅에서, 존경하는 교부 히에로니무스처럼 베들레헴의 동굴에서 기도와 개인 연구에 전념하는 상상을 하기도 했다.

멜란히톤은 1560년 2월 16일, 63년의 생을 마감한다 생각했다. 그는 자신이 죽을 날을 비슷하게 예측했다. 옛 그리스인들이 63세를 '액년'[1]으로 보고 이 나이를 '노인'이라 칭했기 때문이다. '63'이라는 숫자는 7과 9를 곱하기 때문에 이러한 결합은 특히 위험하다고 여겨졌다. 고대 그리스인들에 따르면 63세에 육체는 커다란 변화를 겪는데 멜란히톤은 이러한 의견에 동의했고 많은 유명한 남성, 특히 루터도 이 나이에 사망했음을 기억했다.

비텐베르크 교수들의 글을 보면 멜란히톤의 마지막 시간을 알 수 있다. 당시의 죽음은 오늘날과 달리 공적 사건이었다. 참석한 증인들이 중요 인물의 마지막 시간을 세세하게 확증하고 이를 출판했다. 인간이 죽을 때 어떻게 죽어야 하는지 사람들에게 보여 주기 위해서였다. 흥미롭지만 아직 제대로 연구되지 않은 개신교의 아르스 모리엔디[2] 문학이 이런 방식으로 생겨났다.

임종 며칠 전에 멜란히톤은 기도 몇 줄을 썼다. 이것은 그가 거의 쓰지 않은, 아주 생생하게 그리스도를 찬송하는 내용이다. 이 미완성 텍스트는 마지막 강의 시간에 대학 초년생들 몇 명의 부탁으로 쓴 것이다. 1560년 4월 8일 월요일로 짐작된다.

영원한 근원의 아들, 예수 그리스도,

고귀한 아버지의 품을 떠나

보냄 받은 자로서 기쁜 소식을 우리에게 주시나이다

믿는 자들에게 기쁜 소식과

정의와 죽음 없는 삶을 보여 주시나이다

당신의 피로 죄에서 구하시고,

기도 들으시며, 우리를 의롭다 하시고 지키시며,

경건한 무리에게 아버지를 보이시나이다

우리를 가르치소서, 그리스도여, 영원히!

우리에게 자비를 베푸소서

성령을 부으소서, 거룩한 희생과

진실한 기도를 가르치시며 또 자신을 내어 주시는 분을!

언제나 목자 되신 당신의 양 떼를 떠나지 않게 하소서,

즐거이 노래하게 하소서

영원히 계신 아버지를 찬양하고

당신 자신의 [……]

　　멜란히톤은 그 시대의 양식대로 신앙고백과 감사 기도를 포함한 유언장도 썼다. 하지만 4월 18일에 끝맺음을 하려고 보니, 유언장이 보이지 않아 다시 작성해야 했다. 멜란히톤은 몇 가지 실제적인 사건을 규정한 것에 만족했고, 바이에른에 설치된 종교재판소가 제시한 질문 목록의 답이라 할 수 있는 1558년의

글《바이에른 종교재판소의 패덕한 조항에 대한 필리프 멜란히톤의 응답Responsiones Scriptae a Philippo Melanthone ad impios articulos Bavaicae inquisitionis》과 1559년에 이 글의 2판을 출판할 때 덧붙인《세르베투스와 재세례파의 잘못된 결론에 대한 반증Refutatio erroris Serveti et Anabaptistarum》, 즉 개신교 진영 내에서 삼위일체 교리와 유아세례를 비판하는 자들과의 논쟁을 자신의 신앙고백으로 규정했다. 임종에 직면하여 신앙고백을 작성하는 것은 널리 퍼진 풍습이었다.

4월 14일 부활절이던 일요일, 위독했던 멜란히톤은 마지막으로 세 통의 편지를 썼다. 각 편지에는 짧은 기도문이 포함되어 있었다. 그가 가르친 학생이자 공작령 포메라니아 – 볼가스트의 관구 총감독인, 그라이프스발트에 있는 야코프 룽게에게 보낸 편지에서 멜란히톤은 교회에 도움을 준 경건한 교사와 제후들을 위해 '자신의 교회 수호자' 예수 그리스도께 기도했고, 예측되는 거대한 변혁 속에서 교회가 보존되기를 기도했다. 교회는 비참한 상황에 빠져 있었고, 그 때문에 그는 몹시 괴로워했다. 그러나 다음 세대를 위해 개신교의 교리가 정확하게 해명되었다는 사실에 위안을 받았고 교회를 위해 열정적으로 기도했다.

멜란히톤은 죽을 준비가 되어 있었다. 예전부터 수차례 말한 것처럼, 죽음을 눈앞에 둔 상황에서도 그는 종교회담에 또 참석하느니 차라리 죽겠다고 했다. 자기 자신을 위해서는 '기쁜 퇴장'과 하나님의 자비와 속히 올 종말을 구했다. 에라스무스가 죽기 전 드렸다는 기도를 모범으로 삼은 것이다. 조금 더 살 수 있다면 누군가에게 소용이 되고 그리스도의 교회와 청년 교육에 도움이 되는 것만이 소원이었다.

마지막 시간에 찾아와 준 동료와 친구들을 위해 그는 하나님께서 지켜주시고, 교회에 봉사하는 삶을 살기를 빌어주었고 축복했다. 손녀인 카스파르 포이처의 딸 안나(1551생)에게도 축복의 말을 해주었다. 다른 어린아이들에게는 '경건할 것과 부지런히 기도할 것 등등'을 당부했다.

4월 11일, 멜란히톤은 일요일과 절기마다 하던 아침 성서 강해 시간에 요한복음 17장을 해석하며 '자손들에게' 교회 및 기도를 놓치지 말 것과 화목함과 영생의 복을 빌어 주었다.

4월 12일과 13일에는 부활절에 관한 글을 썼고, 이것은 옛 전통에 따라 부활절 주일에 학장 대리 게오르크 마요르의 이름으로 게시되었다. 고령의 종교개혁가 멜란히톤은 이 글에서 ─그의 계산에 따르면─ 3,069년 전 유대인이 이집트를 나온 것과 그때부터 하나님께서 자신의 민족을 지켜주신 것을 상기시켰다. 이 글의 중심에는 더 긴 기도, 즉 진정한 교회에 소속됨과 구원의 행위에 대해 아버지 하나님과 예수 그리스도께 감사하는 기도가 있었다.

성서는 멜란히톤의 마지막 때에 중요한 역할을 했다. 그가 좋아했고, 평생 매달린 구절 "하나님이 우리를 위하시면 누가 우리를 대적하리요"(롬 8:31)가 꿈에 나타났다. 그는 고린도전서

1장 30절 이하와 마태복음 15장 22절도 인용했다. 성직자들이 그를 찾아와 이사야서 53장, 로마서 5장, 로마서 8장과 요한복음의 몇몇 구절을 들려주었다. 이 모든 구절이 멜란히톤에게 많은 의미가 있다는 것을 그들은 알고 있었다.

마지막 날, 멜란히톤은 평소 습관대로 그날의 기도문을 읽었고, 그 자리에 있던 사람들이 기록해 임종 보고문에 전해졌다. 몇몇 부분에서 평소보다 길었던 이 기도문은 죽음 및 소멸과 관련이 있다.

죽음은 멜란히톤에게 매우 특별한 '시험의 날', 하나님이 당신을 부르시는 날이었다(시 50:15). 지금까지 겪은 어떤 고난의 때보다도 더욱 기도해야 했다. 죽음의 시간에 인간은 '고독하고 가련하게' 하나님 앞에 선다. 힘, 능력, 자만은 이미 사라졌다. 마지막으로 하나님께 은총과 자비, 용서를 빌겠다고 하나 눈길은 이미 죽음의 경계를 넘어간다. 기도자는 '주님의 친절함을 바라보기를'(시 27:4) 그리고 '영원히', '하나님의 집'에 거하기를 고대하며 기뻐한다. 모든 천상의 교회와 함께 기쁨과 찬양으로 영원히 살게 된다. 멜란히톤에게 죽음 이후의 삶은 기도하는 삶이었고, 모든 고난을 이긴 뒤에는 더 이상 구걸하지 않고 그저 찬양하고 감사만 하는 삶이었다.

그 자리에 있던 사람들이 전하는 멜란히톤의 마지막 순간을 보면 멜란히톤이 입술을 달싹거렸으나 무슨 말인지 들리지 않았고 이해할 수도 없었으며 기도를 웅얼거리는 것 같았다고 한다. 그렇게 1560년 4월 19일, 마지막 순간이 찾아왔다. 저녁 6시와 7시 사이에 "기도하면서 품위 있게, 조용하고 온화하게 항상 마음과 입으로 칭송하고 찬양하던 그의 사랑하는 주 예수 그리스도께로 갔다"라고 임종을 지킨 사람들은 전했다.

시신은 그의 서재에 안치되었고, 거의 모든 비텐베르크 시민과 대학생이 찾아와 경의를 표했다.

무덤은 비텐베르크 성城 교회 제단실 앞 좌측, 루터의 무덤 건너편에 자리를 잡았다. 청동 판에 라틴어로 비문이 적혀 있다. "이 자리에 성스러운 남자 필리프 멜란히톤의 육신이 안장되어 있다. 63년 2개월 2일을 산 뒤 1560년 4월 19일 사망했다." 1892년 성 교회의 개조 공사로 무덤을 연 적이 있는데 이때 묘판 아래에 화강암대가 설치되었다.

멜란히톤이 사망한 뒤 몇 주 동안 독일의 곳곳에서 추도식이 열렸다. 튀빙겐에서는 1560년 5월 15일에 추모식이 열렸는데 비텐베르크에서 5년간 멜란히톤의 제자로 있던 신학교수 야코프 헤어브란트가 추도사를 낭독했다. 그는 '지도자'와 '대학, 교회의 최고 관리자'를 잃은 것을 슬퍼했다.

멜란히톤이 세상에 남긴 마지막 기록은 왜 죽음을 두려워할 필요가 없는지 이유를 적은 쪽지였다. "너는 죄악에서 벗어난다. 너는 신학자들의 모든 고난과 분노에서 해방될 것이다. 너는 하나님을 뵙고 하나님의 아들을 뵐 수 있는 빛으로 나아갈 것이다. 너는 우리가 왜 이 모습으로 창조되었는지, 그리스도 안의 두 본성의 합일은 어디에 그 본질이 있는지 등 여기서는 이해할 수 없었던 놀라운 비밀을 배우게 될 것이다." 이로써 모든 것이 딱 들어맞았다. 1521년, 멜란히톤은 하나님의 비밀을 규명하는 것이 아니라 숭배하고 싶다고 했다. 그는 이제 하나님께서 직접 당신의 비밀을 밝혀 주실 것이라는 기대로 가득했다. 그에게 천국은 대학이자 천상의 아카데미였다.

독일의 교사, 유럽의 교사

멜란히톤의 영향을 과소평가하면 안 된다. 그의 영향력은 교파를 뛰어넘어 온 유럽에 미쳤고, 현재도 미치고 있다.

멜란히톤은 당대의 자연과학을 근본적으로 긍정했다. 수학과 천문학, 지리학에 고유한 업적을 남기지는 않았지만 많은 지리학 관련 도서를 소장했고, 지도를 수집했으며, 수학적 지리학 연구에 몰두하는 동시에 역사 지역학적 지리학도 소홀히 하지 않았다.

그가 지은 교과서는 형이상학을 제외한 당시의 모든 학문 분야를 포괄하며 19세기까지 사용되었고 일부는 가톨릭 기관에서도 사용되었다. 물론 가톨릭에서는 저자의 이름을 공개하기를 꺼렸고, 비텐베르크의 루터 추종자 이름이 있는 겉장을 떼어 버렸다.

멜란히톤은 의학에서도 큰 족적을 남겼다. 그는 의학적 내용을 담아 열아홉 번이나 연설을 했고 글로 남겼다. 16세기 독일에서는 스콜라 의학이 인문주의 르네상스 의학으로 바뀌었다. 특히 1543년에 출판된 교과서에서 갈레노스[1]의 해부학을 비판한 안드레아스 베살리우스[2]를 수용한 것은 매우 의미심장하다.

1550년경부터 비텐베르크에서는 베살리우스의 이론에 따라 해부학을 가르쳤다. 멜란히톤의 제자 중 파울 에버 같은 사람은 해부학에 관심을 두었고 일찍부터 베살리우스를 높이 평가했다.

그러나 몇 가지 면에서 멜란히톤은 여전히 전통적 인간이었다. 물리학에서는 아리스토텔레스를 따랐고 우주론에서는 프톨레마이오스를 따랐다. 자연과학을 자연철학으로 이해했고, 성서 구절을 자연철학적 진술로 해석했다. 믿음과 자연과학의 조화는 그의 관심사였다. 멜란히톤은 자연 연구란 하나님 추구라고 생각했다. 수학은 하나님을 알아가는 길이었고 하나님의 권위와 질서의 계시였다. 따라서 수학은 신학적 윤리학을 논증할 때 중요한 역할을 했다.

멜란히톤은 독일의 수많은 대학에 구조적·내용적으로 큰 영향을 끼쳤다. 대학 철학부는 일반교양 기본학문으로 시작하여 단계적으로 학업을 진행시키는 방식을 취하게 되었고, 논리학뿐만 아니라 윤리학에서 아리스토텔레스를 높이 평가한 것도 그의 영향이다. 19세기에 와서야 멜란히톤의 이러한 영향력은 약해졌고, 이 때문에 오늘날 학업의 단계를 나누는 기대하지 않은 르네상스를 맞은 것이다.

멜란히톤은 모든 고등학문의 기본으로 언어, 수학, 역사를 포괄하는 일반교양을 높이 평가했는데, 이 점도 중요한 의미가 있다. 20세기 후반까지 모든 고등교육에서 라틴어는 필수였다. 멜란히톤이 원했고 행동에 옮겼듯 오늘날 신학자들도 라틴어뿐만 아니라 히브리어와 그리스어는 반드시 거쳐야 한다.

그는 특히 근대 자연과학이 수업에 채택되는 데 큰 공헌을 했다. 지리학을 가르치게 된 것은 멜란히톤 덕분이다. 의학을 인문과학으로 정착시키고, 공공위생을 발달시키고 인문주의적 의학을 개신교 대학의 정관에 확정시키는 데도 그는 지대한 영향을 끼쳤다.

오늘날의 세미나에 해당하는 강의 및 공개 학술 논쟁과 대학 강연을 멜란히톤은 중요시 여겼고, 많은 연설을 했으며, 동료와 제자들을 위해 연설문을 쓰기도 했다. 오늘날에도 대학 강연은 아무나 할 수 없다.

멜란히톤의 《신학총론》은 제목, 문체 및 내용에서 수많은 후기 교리론의 모범이 되었다. 18세기까지, 어떤 부분에서는 19세기까지도 《신학총론》은 신학 교재로 사용되었다.

독일 종교개혁은 오랫동안 멜란히톤의 영향을 받았다. 1562/1563년 작성된 《하이델베르크 교리문답서Heidelberger Kathechismus》 덕이었다. 이 책은 멜란히톤의 제자 자하리아스 우르지누스가 책임을 맡아 작성했고, 칼뱅의 글과 멜란히톤의 저술을 함께 사용했다.

아이슬란드에서도 멜란히톤은 가장 영향력이 큰 종교개혁가였고, 덴마크와 노르웨이의 목사들은 그의 《신학총론》으로 수업에 임했으며, 영국에서는 그의 저술 중 20권 이상이 번역되었다. 그의 영향이 가장 강했던 곳은 보헤미아였다. 프랑스에서 멜란히톤은 루터보다 유명했다. 《신학총론》은 인문주의 집단이 존재하는 이탈리아에서도 읽혔고 높은 평가를 받았다. 포르투갈의 에보라 예수회 대학에서도 숙련된 수업을 위해 그의 교과서들이 사용되었다.

16세기부터 멜란히톤에게는 '독일의 교사Praeceptor Germaniae'라는 적절한 명칭이 붙여졌다. 그뿐만 아니라 근대에는 '스칸디나비아의 교사Praeceptor Scandinaviae', '영국의 교사Praeceptor Angliae'라고 불렸고 '유럽의 교사Praeceptor Europae'라고도 불렸다. 이는 당연한 것이었다.

그 밖에도 그의 영향력은 19세기 개신교 교회연합, 1973년의 《로이엔베르크 합의Leuenberger Konkordie》와 1999년의 《루터파와 가톨릭의 칭의 합의 선언die lutherisch-katholische Rechtfertigungs-Konsenserklärung》에까지 이른다. 현재 개신교에서 일고있는, 기독교적 믿음과 삶의 모범인 성자에 대한 관심도 멜란히톤과 관계가 있다.

물론 이 종교개혁가가 오늘날 격렬하게 반대할 분야도 있다. 개신교도들이 교육과 언어 교육, 신학 교육을 점점 무시하는 것, 진리 문제를 제기하지 않고, 신학적으로 책임의식도 부족한 것이 그러하다.

2010년 멜란히톤 기념일에서 그랬듯, 2008-2017년까지의 루터 기념 10년은 멜란히톤에 관해 듣고, 그가 오늘날 교회에 무엇을 말할지 들어볼 기회를 줄 것이다. 어쩌면 2030년 아우크스부르크 신앙고백 500주년, 아니면 2060년 멜란히톤 사망 500주년 해까지 개신교와 기독교 전체에 새로운 형식을 부여할 개혁이 일어날지도 모른다.

현대인과 멜란히톤

멜란히톤을 칭송한 가장 오래된 증거는 이미 그의 생존 당시에
존재했다. 비텐베르크 성 교회에 멜란히톤을 그린 제단이 그것
이다. 오늘날에도 잘 보존되어 있는 이 제단화는 루카스 크라나
흐 데어 앨터레가 1539년에 작업에 들어가 그의 아들 루카스 크
라나흐 데어 윙게레가 1547년에 완성했다. 이 제단 왼쪽 측면에
는 멜란히톤이 아이에게 세례를 주는 장면이 그려져 있다. 일반
인도 성직을 맡을 수 있다는 교리를 보여 주는 것인데, 왜냐하면
멜란히톤은 사제도 목사도 아니었기 때문이다. 여러 제단화에
수많은 여인들이 있는데, 카타리나 루터와 카타리나 멜란히톤
의 모습도 있겠지만 오늘날까지도 확인되지는 않는다.

멜란히톤을 그린 초상화는 많다. 초상화는 키가 작고 바짝
마른, 왠지 방심한 듯한 학자의 모습을 보여 준다. 멜란히톤은 한
결같았다. 그는 루터가 수차례 겪은 대변혁을 경험한 적이 없다.
초상화들도 이를 증명한다. 루터의 초상화와 달리 멜란히톤의
초상화는 종교개혁 선전에 사용되지 않았다.

종교개혁 이후 멜란히톤은 높은 평가를 받았다. 그러나 존
경받지는 못했다. 중세의 성자숭배와 비교될 정도로 존경받은

것은 루터였다. 이미 16세기 후반부터 사람들은 비텐베르크에 있는 루터의 집으로 성지순례를 갔고, 탁상담화가 이뤄진 그의 방을 보았다. 바르트부르크로 간 사람들은 루터가 악마와 싸웠다는 증거로 루터의 방 벽에 남아 있는 잉크 얼룩도 보았다. 멜란히톤이 활동했던 곳은 찾는 이가 없었다.

1602년 이후 비텐베르크에서 그의 《신학총론》이 더 이상 강의 기초로 채택되지 않자, 멜란히톤은 완전히 밀려났다. 비텐베르크 대학은 엄격한 루터파의 또 다른 아성이 되었다. 그곳의 신학자들은 멜란히톤과 그의 신학에 비판적이었다. 학부의 결정이었겠지만, 아우구스티누스 파 수도원에 있던 대형 강의실에서 멜란히톤의 초상화가 철거되었다. 루터의 초상화는 그대로 남았다. 멜란히톤은 또다시 '신학자들의 분노'에 직면했다. 1560년에 이 분노가 진정되었다고 생각했지만 그렇지 않았다.

현대 멜란히톤 연구의 선구자는 18세기 뉘른베르크의 목사 게오르크 테오도르 슈트로벨이다. 그는 요아힘 카메라리우스가 1566년에 쓴 최초의 멜란히톤 자서전을 1777년에 다시 출판했다.

19세기에 들어 멜란히톤에 대한 관심은 더욱 커졌고 이제 존경도 받기 시작했다. 이러한 변천은 일반적으로 19세기에 나타난 역사에 대한 관심 및 1817년 프로이센에서 시작하여 루터파와 개혁파 기독교도가 함께 설립한 독일 통합 교회의 발생과 관계가 있다. 멜란히톤은 이미 종교개혁 시기에도 통합 이념의

실체였다. 그가 작성한 《아우구스부르크 신앙고백》은 통합 교회에 적절한 기초를 제공했다. 그 결과 멜란히톤 기념비가 최초로 세워졌다.

전기들이 봇물 터지듯 나왔다. 1840년에는 프리드리히 갈레, 1841년에는 카를 마테스, 1861년에는 카를 슈미트, 1902년에는 게오르크 엘링어가 전기를 출간했다. 1958년에는 클라이드 레너드 맨슈렉이 영어판을, 1960년에는 넬로 카세르타가 이탈리아어판을 펴냈다. 거의 100년 만에 또다시 멜란히톤의 전기가 1997년에 독일어로 나왔다. 저자는 하인츠 샤이블레였다. 멜란히톤 신학을 전반적으로 다룬 책은 고트프리트 알베르트 헤어링어(1841-1901)가 쓴 것이 유일하며, 이 책은 출판된 지 어느덧 130년이 지났다.

코타의 관구 총감독 카를 고트리프 브레트슈나이더(1776-1848)에 의해 멜란히톤의 저술들은 재출간의 기회를 얻었다. 브레트슈나이더는 신학적으로는 중용적 이성주의자였고, 요한복음과 요한서신이 예수의 애제자 요한에게서 나온 것이 아니라고 처음 주장함으로써 성서를 비판했다. 브레트슈나이더는 《코르푸스 레포르마토룸Corpus Reformatorum》, 즉 종교개혁 저술들의 광범위한 간행본 출판을 주도했고 자신은 멜란히톤을 담당했다. 1834년 제1권이 출판되었고, 브레트슈나이더는 1848년에 사망했다. 그가 사망한 해에 15권이 출간되었으며, 할레의 사서 하인리히 에른스트 빈트자일(1803-1876)이 뒤를 이어 16~28권을 발행했다.

1865년, 예술가 프리드리히 드라케(1805-1882)가 만든 멜란히톤 입상이 비텐베르크 시청 앞에 세워졌다. 루터의 입상은 1821년부터 세워져 있었다. 1930년, 오늘날 마르틴 루터 대학 할레 비텐베르크 Martin-Luther-Universität Halle-Wittenberg라고 불리는 할레 대학에는 게르하르트 마르크스(1889-1981)가 제작한 멜란히톤 흉상이 놓여졌다.

베를린의 교회사가이자 당대 최고의 멜란히톤 권위자였던 니콜라우스 뮐러(1857-1912)는 1897년 브레텐에 멜란히톤 하우스를 세웠다. 프랑스가 1689년, 남부 독일에 침입하여 도시를 파괴하기 전까지 멜란히톤이 출생한 집터였다. 그는 멜란히톤과 관련된 책, 그림, 동전까지 모든 것을 수집했다. 역사주의 양식으로 지은 이 건물에는 현재 약 1만 1천 권의 책과 450편의 육필 원고, 수많은 조각, 무기, 그림, 기념 주화와 인쇄물이 보관되어 있다. 가운데가 불룩 나온 아주 귀중한 둥근 창유리를 포함해서, 벽과 천장을 장식한 널빤지, 조각품, 벽화 및 예술품, 책장, 진열장, 여러 가재도구로 이뤄진 내부 모습은 1903년 문을 연 이래 전혀 바뀌지 않았다.

20세기 초 루터 르네상스와 변증법 신학의 부흥으로 멜란히톤은 다시 잠잠해졌다. 그러나 20세기 후반에 가톨릭 신학은 루터와 함께 이 종교개혁가에게 커다란 관심을 기울였다. 신학 교수 요제프 라칭거 Joseph Ratzinger(1927년생), 즉 교황 베네딕트 16세는 1958-1963년 프라이징과 본에서 멜란히톤 세미나를 열었고, 멜란히톤에 관해 박사 논문을 쓰도록 권했다. 당시 그는 이런 방식으로 기독교 통합 운동을 촉진시킬 생각이었다. 같은 시기에 하이델베르크 학술 아카데미는 《멜란히톤 서신 교환》 신판을 발간하기 시작했다. 이를 위해 1963년에 연구소가 세워졌고, 오랫동안 하인츠 샤이블레(1931년생)가 이를 관장했다. 그는 오늘날까지도 멜란히톤 전문가로 알려져 있다. 연구소는 멜란히톤의 1만 통의 편지, 평가서, 서문과 헌사를 수집하여, 먼저 시대 순으로 목록을 출판했고 이후 본문들을 차례차례 출간했다.

멜란히톤이 대중에게 제대로 알려진 것은 1997년 탄생 500주년 기념 축제 때였다. 당시 브레텐 멜란히톤 하우스의 전문 직원이었던 슈테판 라인(1958년생)의 공이 컸다. 기념 행사를 전후하여, 또 그 후에도 멜란히톤에 관한 출판물이 쏟아졌다. 기도문 모음집 등으로 개별 간행되기도 했고, 어떤 것은 여러 판본으로 나오기까지 했다. 독일 교회 곳곳에서 멜란히톤에 대해 강연했고, 신도들은 그의 고향 브레텐과 그가 활동했던 비텐베르크를 방문했다. 멜란히톤은 처음으로 교회와 연결되어 다뤄졌다. 1996/1997년 멜란히톤 기념 해에 즈음하여 브레텐과 비텐베르크에서, 더 나아가 라이프치히, 데사우, 하이델베르크, 뉘른베르크와 마인츠에서 열린 심포지움과 회의들이 중요한 연구 동기를 부여했다.

1997년, 멜란히톤 기념 해에 수많은 풍문이 정리되었다. 예를 들면 그가 살아 있을 때부터 독일의 교사라고 불렸다고 주장하는 호의적인 이야기나, 이미 17세기 특히 고트프리트 아르놀트에게서 찾아 볼 수 있는 이야기, 즉 비텐베르크 신학교수 레온하르트 휘터가 멜란히톤 사망 40년 뒤에 멜란히톤의 초상화를 강의실에서 떼어내 발로 밟았다는 풍문이다. 종교개혁 문학을 통해 유령처럼 떠도는 주장, 즉 루터가 1530년 코부르크에 있으면서 멜란히톤을 '비굴한 자'라 욕했다는 사실도 수정되었다.

2004년, 브레텐에는 브레텐 시와 바덴 교회의 지원으로, 오늘날의 유럽을 위해 멜란히톤의 정신적, 문화적 유산을 연구한다는 목표로 유럽 멜란히톤 아카데미die Europäische Melanchthon-Akademie가 설립되었다. 이 기관은 인문주의자이자 종교개혁가인 멜란히톤과 관련된 모든 분야의 역사서·비판서 개정본을 만들기위해 노력하고 있다. 종교개혁사와 종교사는 물론 초기 근대[1] 연구, 정치, 윤리학, 교육학사와 교과 간·종교 간 대화들이 이에 속한다. 이 아카데미에서 하는 학술 작업의 목표는 초기 근대의 지식 문화적 내용 및 이 시대의 다양한 시대의 모습들에서 현대와 연결고리를 찾는 것이다. 멜란히톤 저술의 새로운 비판서도 준비 중이다. 아카데미는 브레텐 멜란히톤 하우스의 전문 직원 귄터 프랑크(1956년생)가 이끌고 있다.

이미 1897년에 설립된 브레텐 멜란히톤 협회는 멜란히톤 하우스와 그의 도서관을 관리하며, 멜란히톤 연구를 지원한다. 브레텐 시는 3년마다 브레텐이 낳은 종교개혁가를 연구한 탁월한 논문에 유명한 멜란히톤 상을 수여한다. 지금까지 이 상을 받은 사람들은 지그프리트 비덴호퍼, 귄터 바르텐베르크, 코르넬리스 아우구스틴, 하인츠 샤이블레, 티모시 벵거트, 비트 예니, 폴크하르트 벨스와 니콜레 쿠로프카이다.

멜란히톤 깊이 읽기

멜란히톤의 저술과 연설 및 편지는 독일어로 여러 종류를 이용할 수 있으며, 독특한 책 읽기로 독자를 초대한다. 이 자료들은 종교개혁의 기본 사상을 익히고 연구하는 데 아주 적합하다. 객관적이고 명료하며, 이해하기 쉽고 일목요연하게 멜란히톤의 개신교 교리를 전개하고 있다. 그의 생각은 오늘날에도 중요하고 흥미로운 것이 많다. 멜란히톤의 라틴어 저술들도 라틴어를 배운 사람들에게 매력적이다. 루터나 에라스무스의 라틴어보다 훨씬 읽기 쉽다.《신학총론》과 함께 특히 멜란히톤이 대학에서 행한 연설문을 라틴어 원문으로 읽기를 권한다.

　　초보자에게는《독일어로 된 멜란히톤Melanchthon deutsch》두 권이 적합하다. 이 책은 멜란히톤 관련 저술에서 발췌한 탁월한 글들을 담고 있고, 많은 글이 라틴어에서 독일어로 번역되어 있다. 특히 학교 문제와 교육 문제에 관련된 멜란히톤의 글은 소책자《믿음과 교육Glaube und Bildung》에 모두 있다. 기도와 멜란히톤의 교화적인 말들은 문고판《내가 당신을 외쳐 부릅니다Ich rufe zu dir》에 담았다.

　　멜란히톤의 신학을 좀더 자세히, 깊이 알고 싶다면 1521년

판《신학총론》을 권한다. 독일어와 라틴어가 병기되어 있다. 이 밖에 보충할 만한 책으로는 멜란히톤이 독일어로 쓴 1553년도 《신학총론Heubtartikel》을 권하는데, 16세기 독일어와 맞닥뜨릴 각오는 해야 한다.

멜란히톤과 관련된 학문적 작업은《멜란히톤의 저술들Melanchthons Werke》이라는 선집으로 시작할 수 있다. 광범위한 주제를 다룬 글이 라틴어와 독일어 원문으로 수록되어 있다. 이 책에서 다루지 않은 모든 것은 19세기에 출간된《종교개혁가 전집Corpus Reformatorum》을 이용할 수 있다. 특별한 질문의 경우 16세기에 출간된 원본을 참조해야 할 것이다. 예를 들어 멜란히톤 신학의 끊임없는 발전 및 그것이 초창기《신학총론》에서 판을 거듭하면서 어떻게 반영되었는지는 원본을 참작해야 알 수 있다.

시대 사건에 관한 멜란히톤의 관점에 관심이 있다면 그가 쓴 편지를 읽어야 한다. 이때 시대순으로 된 문서 목록을 우선 살펴야 하는데, 멜란히톤의 서신 교환과 그가 쓴 수많은 서문과 평가서에 관한 총체적인 조망을 할 수 있기 때문이다. 시대순 문서 목록과 주석이 유용하게 정리되어 있어 쉽게 방향을 잡을 수 있다. 이 문서 목록은 날짜와 저자, 수신자를 알려 주고, 텍스트 내용을 조망해 준다. 1540년까지의 원전은 쉽게 읽을 수 있었다. 《멜란히톤의 서신교환Melanchthons Briefwechsel》에 새롭게 편집되었기 때문이다. 나중에 쓴 글은 경우에 따라 훨씬 읽기 힘들다고 할 수 있다. 그러나 아직까지는 문서 목록에서 이 원전들을 마음대로 이용할 수 있는 곳을 알 수 있다. 어떤 텍스트는 아직 출간되지 않았는데, 하이델베르크에 있는 멜란히톤 연구재단이 도움을 줄 것이다.

멜란히톤이 작성한 신앙고백서, 즉《아우크스부르크 신앙고백》,《변증서》,《교황권에 대한 논박문Traktat über das Papsttum》등은 모음집《복음주의 루터 교회의 신앙고백서Die Bekenntnisschriften der evangelisch-lutherischen Kirche》, 그리고 현대판으로《우리의 믿음Unser Glaube》에 실려 있다.

멜란히톤의 저술은 루터의 저술과 특성이 다르다. 루터의 글은 내용이나 언어에서 멜란히톤의 글보다 훨씬 박진감이 있다. 그러나 루터는 후세 사람이 자신의 글을 읽지 않기를 바랐다. 루터는 오늘날 특히 높은 평가를 받는 1520년대의 저술들, 근대 신학자들이 루터의 주요 저술이라고 꼽는 그 저술들이 명성을 얻기를 바라지 않았다. 글이 성숙하지 않았다는 이유였다. 그는 자신의 지지자와 신봉자들에게 그 대신 성서와 멜란히톤의《신학총론》을 읽으라고 권했다.

연표

1521	멜란히톤, 처음으로 빵과 포도주로 성찬을 갖다
1522	취리히에서 종교개혁 시작
1522	멜란히톤의 딸 안나 태어나다
1523	1, 2차 취리히 논쟁
1524	헤센에서의 종교개혁
1525	멜란히톤의 아들 필리프 태어나다
1525	농민전쟁
1525	멜란히톤, 카리타스 피르크하이머 만나다
1526	슈파이어 제국의회
1526	멜란히톤의 아들 게오르크 태어나다
1528	멜란히톤, 선제후국 작센의 교육제도를 개혁하다
1529	슈파이어 항의
1529	마르부르크 종교회담
1530	아우크스부르크 제국의회와 아우크스부르크 신앙고백
1531	멜란히톤의 딸 막달레나 태어나다
1531	츠빙글리 사망
1534	뷔르템베르크에서의 종교개혁
1535	뮌스터의 재세례파왕국 종말
1536	에라스무스 사망
1537	슈말칼덴 조항
1540	멜란히톤, 바이마르에서 병에 걸리다
1541	레겐스부르크 종교회담
1543	오스나브뤼크의 종교개혁
1545~1563	트렌토 공의회
1546	루터 사망
1546/1547	슈말칼덴 전쟁
1547	안나 멜란히톤 사망

1548	아우크스부르크 잠정협약
1552	제후들의 전쟁
1552	파사우 휴전조약
1553	멜란히톤, 독일어 판 《신약총론》 쓰다
1555	아우크스부르크 종교평화조약
1557	보름스 종교회담
1557	카타리나 멜란히톤 사망
1560	(4. 19) 멜란히톤 사망
1564	칼뱅 사망
1575	신앙고백문
1580	신앙고백서
1618	30년 전쟁 시작
1648	뮌스터, 오스나브뤼크 평화조약

아버지의 이른 죽음

1) 독일의 실질적 역사는 프랑크 왕국에서 시작된다. 카를 대제(747-814)
   는 768-814년 동안 재위하면서 현재의 프랑스, 이탈리아를 포함하는
   대제국을 건설했다. 프랑크 왕국은 프랑스의 전신이기도 했기에
   프랑스에서는 샤를 대제라고 부른다. 962년 프랑크 왕국의 오토 대제(재위
   936-973)가 교황에게서 황제관을 받고, 고대 로마제국을 계승한다는 의미로
   신성로마제국이라는 이름을 사용하기 시작했다. 신성로마제국은 통일된
   국가가 아니라 독일어권 지역을 결속시키는 명목상의 국가였으며, 황제는
   힘 있는 제후 중에서 선출되었다. 신성로마제국은 1806년, 나폴레옹이
   독일을 침공할 때까지 지속되었고, 오늘날 독일과 오스트리아의 전신이라
   할 수 있다. 독일이 현대적 의미의 단일 국가로 통일된 것은 1871년이다.
   이하 주는 모두 옮긴이주.
2) 1459-1519. 신성로마제국 황제. 1493-1519 재위.
3) 1431-1503. 1492-1503 재위. 보르자 가문 출신의 교황이자 르네상스
   제후였으며 강력한 정치가였다.
4) 미사 중 빵과 포도주가 그리스도의 살과 피로 변하는 것. 화체설.

인문주의자들을 사사하다

1) 1304-1374. 이탈리아의 시인, 역사가. 인문주의의 선구자로서 단테,
   보카치오와 함께 초기 이탈리아 문학의 대표적 인물.
2) 프랑스 동남부에서 가장 높은 산.
3) 멜란히톤의 할아버지는 손자의 교육을 위해 포르츠하임 출신의 웅어를

가정교사로 두었다. 그는 나중에 포르츠하임의 라틴어 학교 교장을 맡았고, 1524년 성 교회의 설교자로 임명되며 포르츠하임 시가 짧은 시기에 종교개혁에 적극 동참하도록 만들었다.

4) 1455-1522. 철학자, 인문주의자, 법학자이자 외교관이었으며 최초의 히브리학자이다.

5) 멜란히톤의 어머니 바르바라 로이터(1476/1477-1529)는 직물업자 겸 포도주 업자인 브레텐의 시장 요한 로이터(1508년 사망)와 그의 아내 엘리자베트 로이힐린(1518년 사망)의 딸이다.

6) 'Schwartzerdt'는 'schwarz'+'Erde', 즉 검은 흙이라는 뜻이다. 'Melan'+'chthon' 역시 같은 의미.

7) 1445?-1512. 가톨릭 사제. 신학 교수. 하이델베르크 대학 학장을 수차례 역임했다.

8) 1470?-1522/1524. 인문주의 시기의 중요한 출판업자로서, 요하네스 로이힐린과 인문주의 독일 시인 하인리히 베벨의 작품을 출판했다.

9) BC 186/185-BC159?. 플라우투스 이후 가장 위대한 로마의 희극 작가. 그가 쓴 여섯 편의 운문 희극은 오랫동안 순수 라틴어의 귀감이었으며, 근대 풍속 희극의 토대를 이루었다.

10) 에라스무스는 1514년에서 1529년까지 바젤에서 살았다. 1529년에 브라이스가우에 있는 프라이부르크로 갔고, 1531년에는 쉬프스가세 7번지에 있는 집을 샀다. 1535년에 다시 바젤로 돌아가 사망할 때까지 그곳에 살며 작업을 했는데, 그의 저술을 친구인 요한 프로벤의 작업장에서 인쇄하기 위해서였다.

11) 5세기 초에 라틴어로 번역된 성경.

'나는 그에게서 복음을 배웠다'

1) 1490-1545. 호엔촐러 가문 출신. 형 요아힘과 함께 브란덴부르크 변경 방백 작위를 받았다. 종교적 지위도 가져, 알브레히트 4세라는 이름으로는

마그데부르크의 대주교, 알브레히트 5세라는 이름으로는 공석이었던 할버슈타트의 교황청 대리자가 되었으며, 마인츠의 대주교이자 마인츠 교구의 수석대주교, 선제후 겸 신성로마제국의 대재상이 되었다가 훗날에는 로마 교회의 추기경이 되었다. 면벌부 판매 후원자이자 독일 제국에서 종교적으로 최고 권위에 있는 사람으로서 마르틴 루터의 가장 큰 적대자였다. 1530년 아우크스부르크에서는 구교와 개신교의 평화를 요청했고, 함께 투르크에 저항하고자 했다.

2) 베틴 가문의 선제후 프리드리히 2세(1412-1464)가 다스리던 작센은 아들 에른스트(1441-1486)와 알브레히트(1443-1500)가 공동 통치하다가 1485년 라이프치히 분할조약으로 분리되었다. 이때부터 베틴 가문은 두 파로 갈렸고, 선제후 작위는 장남 에른스트를 시작으로 같은 집안이 계속 상속하다가 1547년부터 알브레히트 파로 넘어갔다.

3) 1463-1525. 프리드리히 3세. 1486년부터 1525년 사망할 때까지 작센의 선제후였다.

새것이 아니라 처음 것

1) 라이프치히에서 마르틴 루터와 동료 안드레아스 카를슈타트가 구교 신학자인 요하네스 에크와 벌인 논쟁.

2) 1486-1543. 원래 성은 마이르 혹은 마이어. 구교 측을 대표하는, 루터의 최대 적수였다.

3) 1369/1370-1415. 신학자, 설교가. 프라하 대학 학장이기도 했던 그를 통해 보헤미아와 모라비아에는 루터보다 100여 년 앞서 개혁 운동 및 개혁 교회가 생겼다.

4) 1482-1531. 스위스의 신학자이자 인문주의자.

5) 민수기 21장을 뜻하는 듯하다.

6) '모세가 광야에서 뱀을 든 것같이 인자도 들려야 하리니.'

7) 1500-1558. 1519년에 스페인의 왕 카를로스 1세로 즉위했다. 이후 1519년

선거를 통해 로마-독일 왕이 되었고, 1520년 신성로마제국의 '선출' 황제로 자칭했다.

8) 시편 7편과 80편에서 가져온 말로, 1520년 6월 15일 교황 레오 10세는 마르틴 루터의 95개조 논제에 대한 답변으로 파문 경고 칙서를 내렸다.

9) 이 말은 '그 외의 길은 없다'(전시륜 역), '달리 어쩔 수 없다'(박영구 역), '할 수밖에 없었노라'(한상열 역) 등 우리말로 다양하게 번역된다.

10) 독일 서부 튀링겐 분지 남부의 산맥.

11) '융커'는 귀족에게 붙이던 칭호다.

체계화의 대가

1) 저자는 'Hauptpunkt der Theologie' 즉 '신학의 주요점'으로 번역했다. 이 책의 다른 곳에서는 '신학의 전반적인 기본 개념Allgemeine Grundbegriffe der Theologie'으로 번역하기도 했다. 영어로는 'Common Places in Theology' 혹은 'Fundamental Doctrinal Themes', 우리말로는 '신학총론', '신학요의', '신학강론' 등으로 번역되었다. 이 책은 1535년, 1545년, 1559년에 개정되었고 제목도 일부 바뀌었다. 마지막 판의 제목은 'Loci praecipui theologici', 즉 '신학의 근본적인 기본 개념die wesentlichen Grundbegriffe der Theologie'이다. 멜란히톤은 이 책을 라틴어로 썼지만, 1538년에는 유스투스 요나스의 독일어 번역본이, 1553년에는 멜란히톤이 쓴 독일어 판이 출간되었다.

2) 라틴어 'locus'(장소)의 복수형.

3) '요한의 교회'라는 뜻.

4) 1515-1586. 저명한 독일 화가 루카스 크라나흐의 아들 중 한 명. 아버지 루카스 크라나흐와 구분하기 위하여, 아들은 루카스 크라나흐 데어 윙게레, 아버지는 루카스 크라나흐 데어 앨터레라 불린다.

5) (시장이나 법정으로 이용되던 고대 로마의) 광장, 법정, 법원이라는 뜻.

6) Konkordienbuch. 루터 사후 교회 내 분파를 조화시키기 위해 발간된 책.

7)《아우크스부르크 신앙고백 변증서》는 루터의 영향 아래 멜란히톤이
작성하여 1531년 4월 말 출간되었다. 같은 해 9월에는 칭의론 교리를
보완한 일명《옥타브아우스가베Oktavausgabe》(전지 8절판 책)가 출간되었다.
그러나 1584년, 루터파《일치신조서》는 4월 판을 다시 수용했다. 이것이 원
텍스트이며 루터의 교리에 더 가깝다는 이유였다.

마지못해 한 결혼

1) 1497-1557. 그녀는 1520년 11월 27일 멜란히톤과 결혼했다.

2) 오류인 듯하다. 중세 유럽의 여성은 출산이나 질병 등으로 30세를 넘기기가
힘들었다. 신부의 결혼 연령은 12~15세였다. 12세기 교황 알렉산더는
소녀는 적어도 12세, 소년은 14세에 결혼하도록 칙령을 내렸다. 귀족
계급에서는 더 일찍 결혼하기도 했다. 20세를 넘기지 않아야 결혼할
가능성이 컸다.

3) 1499-1567. 찬송가 작사가이자 법학자. 1520년 비텐베르크 대학에서
공부하다가 종교개혁을 몸소 겪었다. 1523년 고향 콘스탄츠로 돌아갔고, 이
도시의 종교개혁가로서 1548년 아우크스부르크 평화회담에 참가했다.

4) 1494-1566. 종교개혁가. 훗날 비텐베르크에서 도주한 뒤 브란덴부르크에
정착한다.

5) 1499-1552. 수녀였던 그녀는 마르틴 루터와 결혼한 후 여섯 자녀를 두었다.

6) 학술적으로 얻은 견해와 신념을 자유롭게 전할 자유. 출판의 자유도
포함한다.

946굴덴짜리 집을 하사받다

1) 1503-1554. 현자 프리드리히의 뒤를 이은 동생 요한(1468~1532)의 아들로,
1532-1547년까지 작센의 선제후였으나 1547년 알브레히트 파에게 선제후
작위를 빼앗겼다. 예나 대학을 설립했다.

작센에서 일어난 종교개혁

1) 1468-1532. 현자 프리드리히의 동생으로 1525-1532년까지 작센의
선제후였다.

2) 교회 순시라는 뜻도 있다.

3) 카를슈타트는 1523년 목사가 되어 오를라뮌데로 갔다. 그곳에서 그는
자기 방식대로 종교개혁을 이끌었는데, 미사 전례를 개혁했고 유아 세례를
폐기했으며 오르간과 성자상을 떼어 냈다. 성상이나 성찬식 문제에서
카를슈타트의 입장은 츠빙글리나 칼뱅과 유사했다.

4) 1502-1574. 'Georg Major'라고 쓰나 원래 성은 'Meier'이다. 루터파 신학자.

'독일의 교사'

1) 중세의 교양학부 커리큘럼은 3학trivium, 즉 어학, 수사학, 논리학과 4
과quadruvium, 즉 산수, 음악, 기하학, 천문학 그리고 기타 과목으로
구성되었다.

2) 1495-1558. 루터파 신학자. 여러 지역에서 목사 및 종교개혁가로서
활동했고, 대학 세 곳에서 교수를 역임했다.

수녀원장 피르크하이머

1) '성무일도聖務日禱', '시간전례時間典禮', '성무일과聖務日課'라고도 하며
로마가톨릭, 정교회, 성공회에서 성직자와 수도자가 매일 시간에 맞추어
바치는 예배이다.

2) 1470-1530. 저명한 인문주의자로 독일 르네상스 대표화가 알브레히트
뒤러의 친구였으며, 황제 막시밀리안 1세의 조언자였다.

3) 병, 악마를 쫓거나 신성한 힘을 주입하는 의미로서 몸에 기름을 바르는 의식.

아우크스부르크 신앙고백

1) 슈파이어 항의. 1529년 슈파이어에서 열린 제국의회에서 1521년의 보름스

칙령을 고수한다는 결의에 대해 개신교측이 제기했다.

2) '라이엔Laien'은 평신도, '켈히Kelch'는 목이 긴 잔을 뜻한다. 평신도는
성찬식 때 포도주를 마시지 못한다는 결정은 1415년 콘스탄츠 공의회에서
내려졌다.

3) 1484-1531. 취리히의 종교개혁가. 주로 성찬식을 두고 루터와 다투었다.

4) 'leise treten'에서 파생된 말로, '비굴한 자', '엿듣는 인간'이라는 뜻이다.

세속정부에 복종하라?

1) 황제 카를 5세와 그 후계자는 합스부르크 가문 출신이다.

2) 1487-1550. 1498-1519년까지 뷔르템베르크의 군주였으나 1519년에
추방당했고, 공국은 황제 카를 5세에 의해 합스부르크 가문에 종속되었다.
1534년 헤센의 방백 필리프의 도움으로 권력을 되찾은 뒤 1550년까지
재위했다. 뷔르템베르크 최초의 개신교 군주.

황제가 주선한 종교회담

1) 현재는 프랑스 지역으로 알자스의 아그노 지역이다. 종교개혁 시기에는
신성로마제국에 속해 있었다.

2) 1478-1541. 스트라스부르의 대표적 종교개혁가.

3) 1503-1559. 종교개혁 시기의 가톨릭 신학자, 법학자, 교회정치가. 쾰른
종교개혁 때 가톨릭을 옹호한다.

4) 1499-1564. 1542년부터 사망할 때까지 나움부르크의 마지막 가톨릭
주교였다.

쾰른, 오스나브뤼크

1) 1477-1552. 쾰른의 대주교이자 선제후(1515-1547 재위)였으며, 파더보른의
후작 작위를 가진 주교(1532-1547 재임)였다.

2) 1497-1529. 독일 니더라인 지역 최초의 개신교 순교자.

3) 1507-1584. 신학자이자 외교관. 쾰른에서 대학을 다녔고, 1526년에는
   비텐베르크 대학에서 루터와 멜란히톤을 사사했다. 특히 멜란히톤의
   영향을 받았고, 훗날까지 친분을 유지한다.
4) 1470-1538. 신학자. 아우구스티누스 교단에서 루터와 그의 새로운 교리를
   변호해 주었다.
5) 1491-1553. 발트에크 백작 가문으로 1530년부터 민덴의 주교, 1532년부터
   오스나브뤼크, 뮌스터의 주교였다.

가톨릭이 탐낸 종교개혁자

1) 1480-1542. 이탈리아의 인문주의자. 추기경.
2) 1482-1537. 1535년 멜란히톤을 폴란드로 초대했다. 그리고 멜란히톤의
   딸과 사비누스의 결혼식에 참석하기 위해 비텐베르크로 가겠다고
   약속했다.
3) 1477-1547. 이탈리아의 추기경, 인문주의 학자, 르네상스 가톨릭 개혁가.

멜란히톤과 칼뱅

1) 1519-1605. 프랑스 출신으로 제네바에서 활동한 종교개혁가. 칼뱅 사후
   그의 뒤를 이어 칼뱅주의를 발전시켰다.
2) 1511-1553. 'Michael Servetus', 'Michel Servet'. 원래 이름은 'Miguel
   Serveto y Reve'이다. 스페인의 의사. 인문주의자. 신학자. 자유사상가.
   반反삼위일체론자. 제네바에서 처형되었는데 그의 처형에는 칼뱅이 적극
   개입했다.
3) 1515-1563. 스위스 인문주의자, 신학자. 믿음의 자유와 종교적 관용을 위해
   적극 투쟁했다.
4) 1525-1602. 'Caspar Peucer', 'Kaspar Peucer', 'Peucker'라고도
   씀. 교회개혁가, 수학자, 천문학자, 점성학자, 의학자, 외교관, 저술가.
   비텐베르크 학파 및 독일 후기 인문주의의 중심 인물. 1550년 멜란히톤의

막내딸 막달레나(1531-1576)와 결혼했고, 1560년 비텐베르크 대학 학장이 되었다. 멜란히톤이 사망하자 그의 저술들을 보존하려 애썼다.

빵 안에? 빵과 함께!

1) 전통적인 가톨릭 성사론 용어. 성사의 효과는 성사 집행자의 인격에 의존하지 않고 성사 집행 행위 그 자체에서 생긴다고 생각한다.

2) 루터가 '빵, 포도주는 성례전적 의미, 즉 형이상학적 의미에서만 그리스도의 몸과 피'라고 주장한 사람에게 붙인 이름.

3) 1494-1552. 독일의 역사학자, 종교개혁가. 'Kaspar Hedio', 'Caspar Hedio', 'Kaspar Heyd', 'Kaspar Bock', 'Kaspar Böckel' 등으로 불린다.

4) 1493-1555. 독일의 법학자, 인문주의자, 찬송가 작사가, 루터파 신학자, 종교개혁가.

5) 1499-1570. 독일의 종교개혁가, 개신교 신학자. 세 권의 교리 문답서를 저술했고, 그중 1535년에 출판된 것이 가장 큰 영향력을 끼쳤다. 그의 교리문답서는 1999년까지 총 518판을 찍었고 다른 언어로 번역되기도 했다. 루터와 함께 루터파의 가장 중요한 교리문답서 저술가다.

6) 이 부분은 오류가 있는 듯하다. 루카스 오지안더(1534-1604)는 뉘른베르크 출신이기는 하나 뷔르템베르크 개신교 목사로서, 종교개혁가 안드레아스 오지안더(1498-1552)의 아들이다. 1529년 회의에 참석한 사람은 1520년부터 뉘른베르크 성직자였던 안드레아스 오지안더이다.

7) 1491-1547. 독일의 신학자, 종교개혁가.

왜 유아에게 세례를 주는가

1) 1498-1526. 취리히 재세례파 운동의 지도자.

2) 1491-1529. 취리히 재세례파 운동의 지도자. 종교개혁 시기에 최초로 믿음에 따라 재세례를 받는다.

3) 1498-1527. 취리히의 재세례파 운동 주창자이자 최초의 순교자.

4) 재세례파의 금지 조치는 마태복음 18:15-18에 근거를 두고 있다.

5) 네덜란드의 신학자이자 재세례파 운동의 지도자인 메노 시몬스(1496-1561)에서 유래했다.

6) 티롤 재세례파의 지도자인 야코프 후터(1500?-1536)에서 유래한 이름.

7) 한스 파이스커와 두 명의 재세례파는 고문당한 뒤 1536년 1월 26일 목이 잘렸다.

8) 저자는 'fides aliena'를 'das stellvertretende Glauben' 즉 대리 혹은 대리권을 가진 믿음이라고 번역했다. 다른 곳에서는 'Fremder Glaube', 즉 타인의 믿음으로 번역되었다.

9) 185?-254?. 알렉산드리아 학파의 대표 신학자, 교부. 성서, 신학, 변증 관련 저서를 많이 남겼다.

자유의지는 있는가

1) '네가 사자와 독사를 밟으며 젊은 사자와 뱀을 발로 누르리로다.'

2) aspis: 'Viper'. 살무사.

3) 1504-1575. 스위스 종교개혁가. 44년간 취리히 개혁교회의 주교였으며 16세기 프로테스탄티즘의 지도적 신학자였다.

성자를 존경하라, 하지만

1) 1090-1153. 신비주의자. 많은 수도원을 세웠으며 수도원 개혁에 일조했다.

2) 1093-1152. 호엔슈타우펜 왕조 최초의 왕이었다. 슈바벤 공작 프리드리히 1세의 아들이자 황제 하인리히 4세의 손자인 그는 1115년 숙부인 황제 하인리히 5세에 의해 프랑켄 공작으로 임명되었다. 하인리히 5세는 1116년 콘라트의 형인 슈바벤 공작 프리드리히 2세와 콘라트 두 사람을 독일 섭정에 임명했다. 1125년 황제가 죽자 선제후들은 상속권 원칙을 무시하고 작센 공작 로타르를 황제의 후계자로 선출했다. 프리드리히와 콘라트는 반란을 일으켜 1127년 12월 18일 콘라트가 뉘른베르크에서 대립왕으로

뽑히고, 1128년 6월 몬차에서 이탈리아의 왕이 되었다.

3) 1207-1231. 헝가리 왕 안드레아스 2세(1177-1235)의 딸로서, 막강한
   권력을 가진 튀링겐의 방백 헤르만 1세의 아들 루트비히 폰 튀링겐과
   태어나자마자 정혼이 되어, 미래의 남편의 가족 속에서 성장하도록 4세 때
   튀링겐의 궁전으로 가게 되었다. 남편이 사망한 뒤, 궁전을 떠나 자신이 세운
   수녀원에서 청빈한 삶을 살다 24세에 사망했다. 사망 4년 후인 1235년에
   그레고리우스 9세 교황에 의해 성녀로 추앙받았다. 남편이 가난한
   사람들에게 빵을 가져다주려는 아내를 꾸짖으려고 들고 있는 바구니를
   열라고 하자 음식이 장미로 변했다는 전설로 유명하다. 그러나 전설과 달리
   남편 루트비히는 병자와 가난한 사람을 돕는 아내를 적극 후원, 1223년
   부부가 함께 고타에 요양원을 세우기도 했다.

4) 교황 식스투스 2세 치하의 로마 부제로서 순교했다. 축일은 8월 10일이다.
   불을 다루는 사람들의 성인이다.

5) '순수'를 뜻하는 그리스어에서 유래한 이름. 환시를 보고 그리스도교로
   개종했으며, 로마 황제를 비난하여 많은 사람을 개종시켰다 한다. 가톨릭과
   정교회의 성인이다.

6) 강림절부터 시작한 1년을 '전례역년典禮曆年, church year'이라 한다.

7) 1511-1569. 개신교 신학자, 찬송가 작사가이자 종교개혁가.

8) 1484/1485-1545. 알브레히트 뒤러 시대의 탁월한 독일 화가.

9) 1594-1632. 1611-1632년까지 스웨덴의 왕이었으며 개혁 조치와 군사,
   정치 면에서 스웨덴을 북유럽의 강국으로 만들었다. 독일에서 벌어진
   30년 전쟁에 가담하여 합스부르크 가문 출신 황제의 승리를 저지했다.
   간접적으로 독일 개신교를 지켜주어 개신교의 방패로 미화되었고, 많은
   교회에 그의 상이 세워지고 그의 이름이 붙여졌다.

'나는 삶과 작별했으면 한다'

1) 1505-1549. 게오르크 폰 작센 공작(1471-1539)의 딸로 1523년 헤센 방백

필리프와 결혼했다. 전형적인 정략결혼으로, 이 결혼을 통해 작센과 헤센의
관계가 확고해졌다.

2) 단어 그대로 번역하면 궁정의 숙녀다. 'Dame'는 흔히 말하는 시녀가
아니라 궁정의 신하에 속하는 귀족 여인을 가리키는 호칭으로, 남자의
'기사'에 해당하는 지위이다.

3) 포도주의 옛 계량 단위로 1,000~1,800리터.

4) 1508-1560. 비텐베르크 대학에 다닐 때부터 예명 'Sabinus'로 시를
발표한다. 안나와의 결혼은 불행했지만, 인정받는 시인이자 외교관이었다.

친구의 아내에게 헌정한 《신학총론》

1) 1484-1545. 독일의 인문주의자, 신학자, 종교개혁가, 역사학자.

2) 1489-1525. 신학자, 종교개혁가, 독일 농민전쟁 지도자.

루터의 죽음

1) 390?-455?. 고대 후기의 저술가이자 5세기의 성인. 시인들의 수호성인이다.

2) 580?-662. 그리스의 수도사, 신학자.

3) 1096-1141. 중세의 신학자.

4) 1300?-1361. 독일의 신학자이자 저명한 설교자.

전쟁과 망명

1) 1513-1571. 요한 폰 브란덴부르크 퀴스트린이라고도 불린다. 개신교도로서
1538년 슈말칼덴 동맹에 가입했지만, 가문의 정치적 이해 관계에 갈등이
생겨 슈말칼덴 전쟁에서는 황제 카를 5세 편에 섰다.

2) 1522-1557. 1541-1554년 동안 브란덴부르크 쿨름바하의 방백이었다.

3) 1521-1553. 베틴 가문 알브레히트 파 출신의 제후. 모리츠는 1541년부터
알브레히트 파 작센의 대공이었으며, 1541-1549년까지 자간Sagan의 대공,
1547년부터는 신성로마제국의 선제후가 되었다. 개신교도였지만 1546년

황제 카를 5세 편으로 돌아서서 에른스트 파 친척인 요한 프리드리히가
이끄는 슈말칼덴 동맹의 개신교 제후들과 맞서 싸웠다.

4) 장남 에른스트가 물려받았던 선제후 직위는 에른스트 파가 상속해 오다가
모리츠가 황제로부터 선제후 자격과 에른스트 파 영토의 상당 부분을
보상으로 받았다. 이후 베틴 가문에서는 알브레히트 파가 강력한 힘을 갖게
되었다.

5) 1491경-1555. 에어푸르트 대학에서 법학을 공부한 후 1506-1509년
노르트하우젠의 시 서기로 있다가 시장이 되었다. 일찍부터 루터의 사상에
동조했고, 유스투스 요나스와 함께 멜란히톤과 우정을 쌓았다.

아우크스부르크 잠정협약과 '라이프치히 잠정협약'

1) 그리스어로 '대수롭지 않은 것들'을 뜻하며, 선도 아니고 악도 아닌,
윤리적으로 볼 때 중립적인 것 혹은 중립적 태도를 말한다.

2) 1487-1555. 1550-1555년 재위. 트렌트 공의회의 재개를 추천하고
위원들을 임명했다. 1551년 5월 1일 공의회를 재개했으나 군사적·정치적
문제로 회의는 다시 중단되었다.

아디아포라 논쟁

1) 1520-1575. 교회사 연구의 선구자이나 루터교 내에서 분열을 초래했다.

공의회로 가는 길

1) Thomist. 토마스 아퀴나스의 신학, 철학을 신봉하는 사람.

2) Scotist. 토마스 설에 대립하여 이성보다 의지를 강조하는 스코투스 설을
추종하는 사람들.

3) 1900-1980. 독일의 교회사가이자 가톨릭 사제.《세계공의회사》를 썼다.

아우크스부르크 평화협정

1) 모리츠 폰 작센의 지휘 아래 1552년 개신교 제후들이 황제 카를 5세에 대항하여 일으킨 전쟁.

2) 1504-1565. 독일의 목사, 루터파 종교개혁가.

3) 1519-1572. 작센의 정치가, 외교관. 멜란히톤과 함께 교육 및 종교 문제에 관해 군주에게 조언을 하곤 했다.

의견 일치 신조

1) 1495-1558. 루터파 신학자. 여러 지역에서 목사 및 종교개혁가로 활동했고, 세 곳의 대학에서 교수로 일했다.

2) 1521-1597. 16세기의 중요한 신학자이자 저술가. 1925년 성자로 추대되었다.

3) 1489-1565. 종교개혁가. 스위스 내 프랑스어 사용 지역에서 활동했다.

유대인, 형제인가 적인가

1) 1476-1554. 16세기 전반 독일 민족의 신성로마제국과 폴란드에서 법적, 종교적 문제가 발생하자 유대인 집단을 대변하고 보호해 주었다.

하나님의 채찍, 투르크인

1) 250?-336. 알렉산드리아의 그리스도교 성직자. 325년 니케아 공의회는 그리스도가 하느님과 똑같은 신성을 지녔다는 신조에 서명하기를 거절하는 아리우스를 이단자로 선언했다.

2) 1243?-1320. 동방 선교사. 자신의 여행을 위해 쓴 《코란 반박Contra legem Sarracenorum》은 큰 성공을 거두어 여러 언어로 번역되었다.

3) 콘스탄티노플을 뜻함.

4) 1555-1565 재위. 총대주교 궁전 확장에 전력, 이후 '웅대한 자the Magnificent' 라는 별명이 붙었다. 개신교 종교개혁에 관심이 있어, 1558년 비텐베르크로

부제 데메트리오스를 보내 정보를 수집하게 하였다.

점성학은 학문이다

1) 1859-1927. 역사학자, 사서. 사라졌다고 생각한 마테지우스의 루터 '탁상담화'를 찾아내어 출판했다.

'나를 늙을 때 버리지 마시며'

1) 'Stufenjahr'는 오늘날 '갱년기', '폐경기'를 뜻하지만, 점성술에서는 7년마다 오는 액년이라는 뜻이다. 63세는 대액년이다.

2) Ars Moriendi. '죽음의 기술'이라는 뜻으로, '죽음을 슬기롭게 준비하고 맞이하는 방법을 거울처럼 비추어 주는 책'을 줄인 말이다. 15세기 초 페스트가 창궐할 때 많은 서적들이 쏟아지면서 죽음의 기술에 대한 관심이 폭발한다.

독일의 교사, 유럽의 교사

1) 고대 그리스의 의사, 해부학자. 실험 생리학을 확립했으며 고대의 손꼽히는 의사다. 중세와 르네상스 시대에 걸쳐 유럽의 의학 이론과 실제에 절대적 영향을 끼쳤다.

2) 1514-1564. 르네상스 시대의 플랑드르 의사. 1543년에 출판된 책은 'Fabrica'로 알려진 그의 주요 저서《인체 구조에 관한 7권의 책De humani corporis fabrica libri septem》이다. 당시까지의 책 중에서 인체를 가장 포괄적이고도 정확하게 묘사했다. 새로운 해부학 용어를 사용했고, 인쇄와 체제에서도 세련미를 갖추었다.

현대인과 멜란히톤

1) 중세 후기(13세기 후반에서 15세기 말)에서 18세기, 19세기로 넘어가는 시기.

옮긴이 이미선

홍익대학교와 동 대학원 독어독문학과를 졸업하고
독일 뒤셀도르프 대학에서 독문학으로 박사학위를 받았다.
옮긴 책으로 《존넨알레》(유로), 《별을 향해 가는 개》, 《불의 비밀》(이상 아침이슬),
《막스 플랑크 평전》, 《아무도 가르쳐주지 않는 여행의 기술》(이상 김영사),
《불순종의 아이들》, 《천사가 너무해》(이상 솔), 《수레바퀴 아래서》,
《유대인의 너도밤나무》(이상 부북스), 《누구나 아는 루터 아무도 모르는 루터》
(홍성사) 등이 있다.

감수자 박준철

한성대 역사문화학부 교수. 유럽 종교개혁사를 전공하였으며
'필리프 멜란히톤의 비텐베르크 대학 커리큘럼 개편'에 대하여 박사논문을
썼다. 문화사학회 회장을 역임했으며, 《서양의 인문주의 전통》(공저, 서강대학교
인문과학연구소), 《서양 중세사 강의》(공저, 느티나무) 등의 저서가 있다.

멜란히톤과 그의 시대

2013. 12. 2. 초판 1쇄 인쇄
2013. 12. 9. 초판 1쇄 발행
지은이 마르틴 융 옮긴이 이미선

펴낸이 정애주 편집팀 송승호 김기민 김준표 정한나 박혜민 한미영
디자인팀 김진성 박세정 조주영 제작팀 윤태웅 임승철 김의연
마케팅팀 차길환 국효숙 박상신 오형탁 곽현우 송민영 경영지원팀 오민택 마명진 윤진숙 염보미

펴낸곳 주식회사 홍성사 등록번호 제1-499호 1977. 8. 1.
주소 (121-897) 서울시 마포구 합정동 369-43
전화 02) 333-5161 팩스 02) 333-5165
홈페이지 www.hsbooks.com 이메일 hsbooks@hsbooks.com
트위터 twitter.com/hongsungsa 페이스북 facebook.com/hongsungsa
양화진책방 02) 333-5163

© Vandenhoek & Ruprecht GmbH & Co. KG.
Martin H. Jung, Original title: *Philipp Melanchthon und seine Zeit*, 2. Auflage, Göttingen, 2010